LA

CROISADE MODERNE

Fortifiez les mains languissantes ; affermissez les genoux défaillants !

Dites aux pusillanimes : « Courage ! ne craignez point ! Voici que votre Dieu, votre Salut, viendra, amènera la rétribution vengeresse ».

Alors les yeux des aveugles verront et les sourds entendront.

Isaïe, xxxv, 3, 4, 5.

PARIS

LIBRAIRIE DES BIBLIOPHILES

Rue Saint-Honoré, 338

M DCCC LXXXVII

LA CROISADE MODERNE

LA

CROISADE MODERNE

DISCOURS

> Fortifiez les mains languissantes ; affermissez les genoux défaillants !
>
> Dites aux pusillanimes : « Courage ! ne craignez point ! Voici que votre Dieu, votre Salut, viendra, amènera la rétribution vengeresse ».
>
> Alors les yeux des aveugles verront et les sourds entendront.
>
> ISAÏE, XXXV, 3, 4, 5.

PARIS

LIBRAIRIE DES BIBLIOPHILES

Rue Saint-Honoré, 338

—

M DCCC LXXXVII

A MARIE

IMMACULÉE ET LIBÉRATRICE

Profond et filial amour.

A ANNE DE MORTEMART, DUCHESSE D'UZÈS

AUXILIAIRE DE LA RENAISSANCE CATHOLIQUE

AUX VAILLANTS CHRÉTIENS DE L'ÉQUATEUR

PIONNIERS DU MONDE NOUVEAU

Hommage sympathique et fraternel.

PRÉFACE

La Croisade moderne sera la grande œuvre de l'âge qui va, probablement bientôt, s'ouvrir devant nous.

Pour entraîner à une Croisade les nations où la foi et l'amour surnaturel étaient affaiblis profondément, il aura fallu d'amères épreuves : elles accourent sur les peuples qui ont déserté leur mission de fils de l'Église et de soldats de Dieu. L'audacieuse apostasie s'y déchaîne : elle compte y briser tout ce qui s'oppose à ses desseins.

Un despotisme raffiné et dévastateur, des fléaux au lugubre effroi, l'anarchie et la guerre, voilà de quoi secouer les inerties.

Les peuples d'Europe qui ont méconnu le prix souverain de la vie catholique, qui ont servi et acclamé des ambitions dépravatrices, qui ont eu de lâches complaisances pour des habiletés impures et pour des bassesses sans nom, ces peuples commencent à entrevoir, au reflet de sinistres lueurs, que la mondanité intrigante, l'hérésie et le Maçonnisme pervers ne pouvaient que leur préparer des hontes et de suprêmes périls. Ils commencent à se dire que la foi vivante dans l'Église de Dieu, c'est ce qui seul peut établir l'harmonie dans les cœurs et dans tous les rapports humains.

Puisque la cause des succès momentanés de l'erreur a été

la somnolence des âmes sans élan pour la Vérité et l'ingrate élimination *de Dieu, relégué dans le for intérieur et soigneusement écarté de la vie politique et sociale, ce sera une faveur d'En-Haut que les événements aient démasqué l'impiété ou le faux christianisme; que l'on ait vu se dérouler, sous des infamies débordantes, les œuvres de l'iniquité, sa duplicité, sa tyrannie, faisant ses victimes des corps et des âmes et n'ayant de sacrés ni le droit humain ni le droit de Dieu.*

Le jour vient où, devant ces révélations des résultats sociaux du mal, les torpeurs auront leur réveil.

Ce réveil sera une Croisade. Cette Croisade de la foi et de la justice tendra à substituer le grand amour à la tiédeur et à la haine. Elle aura pour but le règne du Christ. Elle aura pour conquête un monde nouveau.

*Ce monde de Rénovation puissante, nous n'avons cessé de l'indiquer comme le terme fatidique des évolutions du naturalisme contemporain qui, sous l'*Idée révolutionnaire, *poursuit ses dures expériences dans l'ivresse de la « libre pensée » et l'abjection du matérialisme, dans les vains espoirs et dans les cruelles déceptions.*

Ce monde nouveau, lumineux au loin, doit, un jour plus ou moins rapproché, fixer les regards et fasciner les âmes. Le désir généreux qu'il inspirera doit être, pour l'époque qui se prépare, un des premiers triomphes de la raison et de l'équité.

Pour qu'un peuple puisse s'élever à un degré de justice naturelle qui ne soit pas défectueux à l'excès, il ne lui suffit point de vouloir d'un progrès naturaliste, misérable et précaire, sous une République qui n'est alors, comme celle que nous subissons, qu'un simulacre d'ordre et de liberté, ou dans la sécurité trompeuse de quelque décevante dynastie. Avec des ambitions aussi terre à terre, l'union de la stabilité et du progrès échappera toujours à ce peuple qui, dirigé par ses conducteurs aveugles, se sera abusé à ce point. Pour obtenir un résultat sérieux, même au point de vue simplement rationnel, il doit aspirer bien plus haut qu'à la paix corruptrice, à l'équité sans cœur de l'individualisme dévorant; il doit envisager quelque chose de supérieur à cet ordre infime, esclave de l'égoïste bien-être et des mondaines passions. Dût-il ne pas voir de longtemps atteindre ce but, il doit avoir sans cesse, dans ses éléments principaux, comme premier objectif de ses efforts, la justice chrétienne, c'est-à-dire la prépondérance de la vérité divine dans l'ensemble du monde social.

C'est ce que préconisera la Croisade moderne; et c'est ce que nous cherchons à rappeler à nos jeunes générations.

Par les discours que nous donnons ici, pris entre plusieurs autres se rattachant au même ordre d'idées et prononcés à divers intervalles; par ces pages, dont quelques-unes ont déjà été publiées, on verra peut-être que, malgré notre indignité à remplir cette tâche de pionnier de la Rénovation, il n'a pas dépendu de nous que notre temps n'ait été mis en garde contre les dangers de l'oubli du divin et contre la funeste erreur d'un néo-paganisme qui espère, dans son fol orgueil, faire sa proie définitive de tous les peuples de l'Occident.

Longtemps sans doute, en France et en bien d'autres pays de l'Europe, comme au delà de l'Atlantique, dans la période moderne, les courants d'opinion et, avec eux, les dépositaires du Pouvoir ont été trop constamment asservis à des combinai-

sons éphémères, à des théories de mensonge, à des infatuations frivoles, à des engouements désastreux ; longtemps ils ont été trop à l'illusion inclairvoyante, pour porter leur regard plus loin que l'arène obscure où ils s'agitaient, et pour entendre, au-dessus de leur tumulte, l'appel du sublime avenir. Mais le sévère redresseur des peuples qui perdent de vue leurs nobles destinées et que Dieu n'a pas encore effacés du livre des nations ; ce maître inflexible, le Châtiment, vengeur du vrai et du divin outragé, sait déjà montrer à un bon nombre qu'après les courts et perfides succès de l'intrigue qui avilit, de la fausse sagesse qui égare et de la démence qui tue, il ne reste plus qu'à appeler de toute l'énergie de l'âme le triomphe du Verbe Amour, le règne du Christ dans l'humanité.

Ce règne viendra. La vraie Politique, la vraie Science, l'Art vrai, l'Art illuminateur, puisant leurs ardeurs rayonnantes dans l'amour du Cœur de JÉSUS, *montreront un jour ici-bas la manifestation grandiose de l'humain et du divin unis. Et ce qui l'aura amenée, après la grâce infinie de Dieu, après les humbles et fervents souhaits de la foi et de la droiture, ce sera sans doute les virils efforts de la Croisade magnanime où les plus grandes voix entraîneront. Mais ce sera aussi, certes involontairement, bien plus que les fantaisies « libérales » et que les léthargies « conservatrices », les audaces du délire impie, les vertiges effrénés du mal.*

Château de B.., 25 décembre 1886 ;

Fête de la naissance du Dieu Sauveur, et de la Régénération, en lui, des âmes et des nations.

MISSION SOCIALE

DE LA

JEUNESSE DE NOTRE TEMPS[1]

Mesdames, Messieurs,

Permettez à l'un de vos compatriotes qui a d'ardents souhaits pour les meilleurs intérêts de cette jeunesse et pour le progrès chrétien de notre temps, permettez-lui de s'adresser à vous comme à un auditoire sympathique et d'examiner quelques instants avec vous un des sujets de réflexion qui importent le plus à notre époque et à notre pays.

Ce sujet, quel est-il ? C'est celui-ci : *La Mission sociale de la jeunesse contemporaine*. Et, sur ce sujet, il y a à se faire les questions suivantes :

Y a-t-il une mission sociale, de l'ordre intellectuel et moral, pour la jeunesse de notre époque ? Cette mission, quelle est-elle ? Quel est le moyen de l'accomplir, et comment, dans une élite croyante, cette mission a-t-elle été remplie ?

---

1. Discours prononcé à Bourg-Saint-Andéol, à la distribution des prix du Collège, le 30 juillet 1868.

Certes, c'est avec un intérêt puissant que l'on peut, en bien des circonstances, se demander cela. Mais ce n'est pas, il me semble, sans opportunité, ce n'est pas sans émotion non plus qu'on se le demande devant un auditoire comme celui que nous voyons réuni ici, en ce moment.

Ne brille-t-il pas sur ces fronts le reflet d'une espérance donnée à nos tristesses [1] ? N'y a-t-il pas, dans le spectacle de ces jeunes cœurs, un élan d'exaltation généreuse promis à ce qui est bien et beau ? N'y a-t-il pas dans ces pensées un avenir de vraie grandeur ?

Oui, j'en suis sûr, il y a dans ces âmes le désir fervent de servir l'Église et la patrie. Il y a là, qui se prépare, un accroissement d'honneur pour notre France, pour cette France que Dieu a appelée, qu'il appelle encore à guider la civilisation du monde, et qui — oh ! je l'espère — saura répondre à cet appel.

Il y a cela dans cette jeunesse, que vous suivez tous d'un affectueux regard et que vous venez encourager ici. Il y a cela, à une condition : c'est que cette jeunesse saura exactement quel est son devoir ; c'est que, ce devoir bien compris, elle voudra fermement le remplir.

I

Y a-t-il une mission sociale pour la jeunesse de notre temps ?

Assurément, il y en a une, une mission particulière à notre époque, une mission spéciale à cet âge que je prends ici, non sur les limites de l'enfance, mais vers le milieu de cette période de la vie humaine appelée *la jeunesse*.

Et cette mission n'est pas autre que celle du chrétien en

1. Voir aux Notes, I.

nos jours, que cette mission envisagée selon que la comportent, selon que la réclament, selon que la favorisent les aptitudes particulières à la jeunesse, ses forces et ses moyens d'action.

La jeunesse, — Messieurs, vous le savez, — ce n'est pas l'âge de la réflexion consommée. Mais est-ce à dire que l'homme n'ait pas alors à connaître sérieusement la vérité, et surtout la vérité religieuse et morale, ce centre ordonnateur de toutes les autres vérités?

La jeunesse, ce n'est pas l'âge de l'expérience pratique du devoir, et de l'adhésion à ce devoir telle que l'ont corroborée un courage aguerri dès longtemps, une vaillante lutte dans le rude combat de la vie. Mais est-ce à dire que le jeune homme ne puisse pas servir de tout son vouloir ce qu'il sait être la justice? Est-ce à dire qu'il ne doive pas montrer à ses frères le bien qu'il sait devoir être pratiqué?

La jeunesse, c'est l'heure de l'enthousiasme qui naît, du noble élan que les passions mauvaises n'ont point arrêté ou fait dévier. C'est l'âge où, dans le cœur de l'homme, vient de s'allumer l'amour de l'idéal, ce feu sacré que les découragements, les lassitudes, les désenchantements, les excessives préoccupations matérielles, n'ont pas encore étouffé, n'ont pas éteint.

Mais est-ce à dire que cet âge, comme tout autre de la vie, ne doive pas être l'âge des *principes*, des principes qui fondent une mission de l'ordre intellectuel et moral?

Quoi! la jeunesse n'aurait pas une mission basée sur de tels principes? Une mission! Mais ici-bas, Messieurs, tout a la sienne. Et la jeunesse n'en aurait pas?

Et que fera donc le jeune homme de ce désir dévorant du savoir qui vient de s'éveiller en lui? Qu'en fera-t-il, s'il ne le fixe au vrai, à Celui qui est essentiellement le Vrai?

Que fera le jeune homme de cet attrait du beau qui a déjà impressionné son cœur? Qu'en fera-t-il, s'il n'attache pas son amour avant tout à Dieu; s'il ne l'élève pas vers ce divin que disent la raison et la foi unies; s'il ne le porte et ne le fixe point là où la sérénité et la paix de ce qui est pur et selon Dieu dominent l'orage des mondaines passions ?

Que fera le jeune homme de cette vision de la justice, qu'il vient de voir se lever au loin, par delà les lâches indifférences, par delà les mollesses honteuses, par delà les duplicités machiavéliques, par delà les faiblesses, par delà les perversités ?

La perdra-t-il, cette vision qui vient de rayonner en lui, dans un ciel profond, dans un ciel d'azur ? N'entraînera-t-elle point son ardeur ? N'inspirera-t-elle point sa vie ?

Que fera-t-il de cette vision immaculée, si, devant elle, il ne se dit : « Cette justice, je veux qu'elle triomphe dans mon âme, dans l'âme de mes frères. Je veux l'appeler dans ce cœur et dans ce monde social. Je veux l'y appeler, l'y affermir, par l'effort de tous mes jours d'ici-bas! »

Jeunesse, oui, tu as entrevu la région de la vraie science. Tu as déjà palpité pour le beau. Tu as aperçu, — idéal splendide, idéal fascinateur, — une justice aimante, devant régir les pensées et les actes de l'homme, devant élever vers Dieu les âmes et vers plus d'harmonie l'humanité !

Tu as vu cela, jeunesse. C'est bien. Oh! ne perds pas cela de vue. Oh! tiens là ton regard. Ne mets pas ta grandeur à te ravaler, à aspirer aux choses infimes. Ne mets pas ton honneur à éteindre en toi, jour par jour, le foyer de l'amour du divin. Ne mets pas ta gloire à mépriser, à délaisser le sublime fait pour ton enthousiasme serein. Ne vois pas ton progrès à aller, jeunesse, comme tant d'autres, ramper avec les vies terre à terre, végéter avec les passions cupides, t'avilir avec les cœurs flétris! Regarde toujours le vrai, aime toujours le beau, pratique toujours simplement le bien. Là est pour toi l'éclat virginal; là est pour ton âme la brillante grandeur!

Messieurs, laissez-moi ici vous le dire : la vie, entrevue à la clarté de ces vérités supérieures, la vie, ainsi comprise et ainsi réalisée, est une glorieuse destinée.

Elle est une épreuve, c'est vrai, mais une épreuve qui, au lieu d'abaisser, au lieu de dégrader, au lieu de perdre l'homme, peut le diviniser.

Elle est un pèlerinage douloureux, dans la demi-obscurité pour notre intelligence, dans la souffrance pour notre cœur. Mais, sous cette lumière à demi voilée, sous ces déchirements de nos affections, auxquels cette jeunesse, comme nous tous, doit bien s'attendre, cette vie peut être un acheminement vers la félicité, vers la splendeur.

Elle est une tristesse souvent, celle de la vue de notre misère, celle du sentiment de notre impuissance à faire prédominer le juste et le vrai. Mais cette pauvreté de notre cœur peut être richesse cependant ; mais cette impuissance apparente peut être coopération magnanime à l'œuvre de Dieu, pour notre bien, pour celui de nos frères, pour celui de l'humanité !

Pour cela, que faut-il ? Il faut ceci, — et la jeunesse ne saurait trop tôt, ne saurait trop souvent se le dire : il faut fixer notre intelligence fortement au vrai, notre cœur fermement au vrai beau, notre volonté persévéramment au bien, et d'abord au bien absolu, Dieu.

Voilà, Messieurs, qui dit déjà, si je ne me trompe, qui dit implicitement le devoir social de la jeunesse. Mais ce devoir, nous le comprendrions certainement trop peu, si nous nous arrêtions là. Ce devoir, il faut le connaître d'une manière explicite, bien déterminée. Nous devons donc spécialiser ces données générales.

En restant dans ces généralités, Messieurs, que ferions-nous ? Que ferions-nous ? Nous marquerions insuffisamment la différence ou plutôt l'opposition profonde qui doit exister entre un monde de foi et d'amour surnaturel, entre un *monde chré-*

tien dans toute l'acception du mot, entre un monde tel que Dieu désire voir devenir le nôtre, et un monde d'idées, de sentiments, de vie, plus ou moins naturalistes, un *monde païen ou semi-païen.*

Et, Messieurs, si, après vous avoir parlé, je ne vous avais pas montré cette opposition qu'il importe tant de connaître, dont il est si urgent de tenir compte, que vous aurais-je montré, dites-le-moi ?

En nous en tenant donc à ce que je viens de dire, la mission sociale de la jeunesse contemporaine ne sortirait point de ce discours suffisamment caractérisée. Or, je voudrais indiquer ici cette mission, dans ses grandes lignes, il est vrai, mais au moins dans les caractères essentiels qui la constituent. Ce que je vais ajouter, Messieurs, précisera ces caractères, nettement, je le crois. J'appelle donc ici particulièrement votre attention.

Messieurs, vous le savez, le Christianisme a, sur la question du premier devoir de l'existence humaine, changé complètement le point de vue de l'homme livré à ses seules forces, le point de vue de l'homme païen.

D'après le naturalisme antique, et pourquoi faut-il ajouter d'après le naturalisme moderne? d'après cette erreur misérable qui se manifeste encore de mille manières, qui cherche encore à tout pénétrer pour tout corrompre, d'après cette vue si malheureusement irrationnelle de l'ensemble des choses, l'homme doit en définitive rapporter à soi seul lui-même et tout le reste.

D'après la vérité chrétienne, au contraire, l'homme doit, dans ses pensées et dans sa vie, tout ramener au principe de tout, à Dieu, et au Dieu sauveur, à JÉSUS-CHRIST.

Par cette affirmation, par cette règle de direction souveraine, qu'a fait le Christianisme ? Je vous l'ai dit, Messieurs : il a changé entièrement l'objectif de l'homme; disons plus fortement, s'il est possible : il a révélé l'*axe,* ignoré longtemps, de la vie de l'homme individuel et de la vie de l'humanité.

Pour le païen ou le « libre penseur », — comme vous voudrez, car c'est tout un ; je me trompe, le païen possédait généralement une somme de vérités premières que le « libre penseur » n'a plus ; — pour le « libre penseur », formulant dans ses conceptions dérisoires et réalisant sous trop de rapports dans sa vie ce que je puis justement appeler l'idéal païen, l'axe de la vie humaine, qu'est-il ? C'est le *moi*.

Oui, Messieurs, c'est l'homme qui, pour ces grands penseurs, est le centre même de l'homme.

Mais l'homme est essentiellement fini ; et le fini se coordonnant à lui-même, qu'est-ce à dire ? C'est dire qu'il est à lui-même sa loi, qu'il est son effet et sa cause ; c'est dire qu'il a préexisté à lui-même. Ainsi, pour ces brillantes intelligences du naturalisme contemporain, l'homme est à lui-même sa loi ; il est son effet ; il est sa cause. Donc, il a dû exister avant d'être !

Avouez, Messieurs, que c'est trop plaisant qu'après tant de siècles de forte raison le rationalisme vienne, comme nouveauté merveilleuse, bien plus, comme chef-d'œuvre de logique, nous donner cette leçon d'absurdité. Le Christianisme n'en veut pas. Il trouve cela pitoyable. Je le crois bien.

L'homme, pour être dans le vrai, à qui doit-il, en effet, être coordonné, sinon à l'Être essentiellement vérité ? Pour le chrétien, raisonnable dans sa doctrine, quand le rationaliste l'est si peu dans ses rêves d'orgueil, l'axe de la vie de l'homme, de l'homme considéré dans toutes ses forces intimes et dans leurs réalisations extérieures, cet axe unique, absolu, divin, c'est la Vérité elle-même ; c'est la Vérité vivante et incarnée ; c'est le Dieu-Homme ; c'est JÉSUS-CHRIST.

Que s'ensuit-il de là, Messieurs ? Le voici.

L'homme doit rattacher à cette Vérité substantielle, à ce Dieu, tout ce qui tient à l'activité humaine. Mais la *Science,* ou la recherche et la connaissance de l'être et du vrai, est une manifestation importante de l'activité de l'homme. Donc la Science doit être ramenée, de plus ou moins près mais intégralement, à l'Être par qui sont les êtres, à JÉSUS-CHRIST.

Mais l'*Art*, ou l'incarnation du beau par l'homme, dans une œuvre à la fois intellectuelle et sensible, l'Art, sous ses divers aspects, — littérature, éloquence oratoire, musique, peinture, sculpture, architecture, — l'Art est certes aussi une expression de notre puissance créatrice. Donc l'Art doit être, lui aussi, ramené d'une manière intime au Beau absolu et vivant, à JÉSUS-CHRIST.

Mais l'*Industrie*, ou la transformation du monde matériel par l'œuvre intelligente de l'homme, est un autre fait considérable et permanent de l'activité humaine. Donc, l'Industrie, sous tous ses modes, agricole, manufacturier, commercial, l'Industrie, qui a un rôle si étendu dans notre époque providentiellement appelée, semble-t-il, à la prise de possession par l'humanité des énergies du monde physique ; — donc l'Industrie, dis-je, et tout ce qui compose l'ensemble des rapports économiques doivent avoir aussi, doivent reconnaître et proclamer pour axe de l'organisme qui les constitue, le Créateur de la matière, de ses forces et de ses lois, JÉSUS-CHRIST.

Mais la *Politique*, prise dans son sens le plus étendu comme dans son sens le plus restreint, la Politique, ou la connaissance et l'institution progressives entre les hommes des justes rapports sociaux de l'ordre naturel, c'est là, de son côté, une des manifestations indispensables et constantes de l'activité humaine. Donc, la politique, envisagée dans tout ce qu'elle est, doit être étroitement unie à Celui qui est la totale Justice, à ce Dieu du Calvaire, dont l'amour pourra seul amener la rédemption sociale des peuples, la liberté future des nations !

Mais la *Vie*, entendue comme cause et aussi comme ensemble d'effets, la vie n'est-elle pas l'expression complète de la force qui nous fait ce que nous sommes ? La vie ! Que cela dit de choses, à donner à la sainteté ou au crime, à Dieu ou à Satan ! Eh bien ! la vie, qui dit notre activité tout entière, il faut la rapporter à cette Vie tout ordre, à cette Vie toute bonté, à cette Vie tout amour, à JÉSUS-CHRIST!

Ainsi, Messieurs, — et je suis assez clair ici, vos applaudissements me le disent, en me disant, ce qui m'est bien plus doux, quelle sympathie éveillent dans vos cœurs les sentiments qui rappellent notre foi et Dieu, — ainsi la science, ainsi l'art, ainsi l'industrie, ainsi la politique, ainsi toute l'existence humaine à faire palpiter d'une ardeur à la fois croyante et rationnelle; ainsi tout cela à développer, dans la mesure de nos forces, d'une manière ou de l'autre, par la spéculation ou par l'action, par notre parole privée ou publique, et mieux, bien mieux encore, par l'éloquence de notre vie : voilà, non plus vaguement indiquée, mais rigoureusement exprimée, la manière de remplir ce devoir que je constatais tout à l'heure, le devoir de donner notre intelligence à la préoccupation du vrai, notre cœur, toute notre vie, à l'amour et à la pratique du bien!

Messieurs, on parle de progrès, on parle de rénovation à cette heure, et l'on a raison. La pensée du progrès! Elle passe avec tous les souffles du siècle. Le désir de rénovation! Il court électriquement dans l'Europe et par delà les Océans!

Symptôme heureux, — saluons-le. Croyons qu'une transformation grandiose suivra, dans la vie politique des peuples, ces présages de tout un monde, cet avant-coureur inouï. Non, ce ne saurait être en vain que, dans les sociétés humaines, éclate cet appel de plus de justice et de plus de fraternité!

Aussi, jeunesse, je vous dis, je vous dis de toute mon âme : Soyez fiers, pour les jours qui sont les vôtres, de cette pensée et de ce désir du progrès. Frémissez, vous aussi, de ce frémissement contemporain. Soyez jusqu'à la moelle, soyez tous de votre temps, dans ce qu'il a de bien inspiré!

Soyez ainsi, un jour, les fils fervents de notre époque; soyez ses appuis, ses défenseurs, oh! non assurément dans ses désertions du vrai, dans ses bassesses, dans ses iniquités noires, dans ses infamies, mais dans son pressentiment d'une ère de plus de justice, dans ses aspirations puissantes vers un meilleur avenir social !

Mais le progrès et la Rénovation, où sont-ils? Il le faut bien savoir. Où sont-ils? Ils sont, j'en ai la conviction profonde, dans ce que je viens de rappeler. Ils sont dans la Science chrétienne et dans l'Art chrétien. Ils sont dans le Travail industriel et dans tout le labeur de la vie, opérés selon la vérité croyante et rationnelle. Ils sont dans la politique de désintéressement, de droiture, de sage énergie, de préoccupation de l'équité, de sollicitude de tous les grands intérêts publics, de ceux surtout des plus humbles, des plus délaissés; ils sont dans la politique qui, au-dessus des passions, au-dessus des partis, aura l'intelligence de son temps et le dévouement à l'Eglise avant tout !

Voilà le progrès; voilà la Rénovation juste, pacifique, dans les cœurs et dans les faits sociaux. Voilà, disons-nous-le bien, la pensée, la conviction, et la seule, l'énergie, et la seule, qui supplanteront, qui vaincront les tentatives sceptiques, matérialistes, audacieuses, effrénées; ces tentatives païennes qui troublent, qui menacent la vraie science, l'art, la politique, l'ordre dans le travail humain, et qui les menaceront, les dépraveront bien davantage, si la sainte ligue de la Rénovation chrétienne et rationnelle ne se lève contre ce paganisme envahissant [1] !

Oui, le paganisme social menace ! Il menace la France; il menace toute l'Europe. A nous tous de veiller ! A nous tous de défendre, avec l'Église, nos biens les plus chers, l'honneur de cette France, notre foi et notre liberté !

A nous tous, jeunes gens, d'être, dans notre faiblesse, et aussi dans notre force, si nous savons rester unis à Dieu, à nous d'être, dans un ordre d'idées plus élevées, puisqu'il s'agit ici des intérêts catholiques et sociaux des peuples, à nous d'être, dis-je,

---

1. Voir aux Notes, II.

comme ces hommes antiques qui combattaient généreusement et que le poète d'Ionie chantait :

ἄστεϊ καὶ τεκέεσσιν ἀμύνων νηλεὲς ἦμαρ·

« De leur ville et de leur postérité écartant un impitoyable jour[1] », l'affreux jour de la perdition !

Oui, la dévastation menace les âmes ! Oui, la ruine menace les cœurs ! Oui, l'impiété mine notre pays ! Oh ! devant cela, pas d'indifférence ; devant cela, pas de torpeur ! Certes, les temps n'en comportent pas. Contre la conjuration du mal, que faut-il donc ? L'ardente, la puissante ligue du bien !

Jeunes gens, c'est à cette ligue, pour la Foi d'abord, et non pour la foi seule, — remarquez-le, — mais pour la foi et la raison ensemble, c'est à cette union militante que je voudrais vous voir donner ardemment votre avenir. C'est à vous préparer à cette lutte magnanime, dans la Science ou dans l'Art, dans la Politique ou dans l'Industrie, dans la vie de l'homme ou du citoyen, que je vous appelle ici instamment !

Ainsi, vous inspirer de bonne heure de cet esprit qui tend à vivifier du souffle chrétien les choses individuelles et sociales ; vouloir, d'une énergique volonté, amener la Rénovation moderne par la pensée et la vie catholiques ; vous proposer d'apporter à cette œuvre, — la seule grande d'ici-bas, car elle dit et elle embrasse toutes les grandes œuvres, — vous proposer de lui donner votre intelligence, vos efforts, votre obstiné labeur, c'est-à-dire tout le travail auquel chacun de vous sera appelé ; commencer cette œuvre par la réflexion, par l'étude, par la vie réglée, par la prière, par toutes les préparations nécessaires, selon les forces de votre âge, selon le genre d'occupation que les circonstances, le goût, les aptitudes pourront indiquer à chacun, voilà le devoir de vous tous : jeunes gens, voilà votre mission !

---

1. Homère, *Odyss.*, VIII.

Quoi que vous soyez, un jour, jeunes gens, — que, dans le grand combat de la raison et de la foi chrétienne contre l'illusion de la « libre pensée », contre le naturalisme, dépravateur des âmes, destructeur des peuples; que, dans ce conflit suprême d'où dépendent notre civilisation et notre avenir, l'Église et les vrais intérêts du monde trouvent en chacun de vous un soldat!

Jeunes gens, vous êtes heureux d'avoir été mis déjà sur la voie de ces pensées par vos familles chrétiennes, cet inestimable don de Dieu. Vous êtes heureux d'être affermis dans ce chemin par le directeur éminent[1], par ces maîtres qui vous donnent leurs paroles, leurs exemples, leur dévouement plein de sollicitude. Vous devez vous féliciter, et beaucoup, que toutes ces voix vous aient montré, plus ou moins explicitement, le devoir social que je viens préciser devant vous.

Mais, s'il en était parmi vous quelques-uns qui, sous ces enseignements, n'eussent pas bien compris la haute portée de la mission dévolue à l'âge où vous entrez, j'insisterais auprès d'eux, je leur dirais, je vous dirais à tous : Votre vrai bien, votre honneur, pour le présent et pour l'avenir, c'est de prendre comme but de votre vie l'Église à exalter, l'Église à faire triompher de toutes les conspirations du mensonge, de toutes les lâches passions déchaînées!

Oui, que vous soyez prêtre ou laïque, — n'importe; — que vous soyez administrateur, commerçant, agriculteur, adonné aux sciences, aux lettres ou aux travaux industriels; que vous soyez appliqué à la recherche de la vérité ou occupé de la vie extérieure, pour vous tous, voilà le but, voilà celui qu'il faut poursuivre en tout et avant tout!

Quelques-uns d'entre vous, jeunes gens, sont destinés, je l'espère, à vouer leur vie à l'étude des sciences du monde moral,

1. Voir aux Notes, III.

aux sciences théologiques, philosophiques, politiques, économiques, historiques; et ils auront à se préoccuper peut-être aussi des choses esthétiques et littéraires.

A ceux-là je dirai : Sans doute, votre jeunesse sera loin de pouvoir posséder suffisamment la connaissance de la vérité scientifique et le profond sentiment de l'Art; votre vie tout entière ne suffira même pas, tant s'en faut, à les acquérir comme vous désirerez les avoir. Sans doute, dans ces premières années de vos studieux labeurs, vous ne pourrez pas résoudre entièrement, autant que le permettent ici les forces de l'homme, une seule des mille et mille questions ardues que soulèvent ces deux ordres d'investigation : la science et la littérature chrétiennes.

Que pourrez-vous donc, que devrez-vous faire ? Vous pourrez vous mettre et avancer dans la voie où seulement ces questions peuvent se bien résoudre. Vous devrez acquérir d'abord la disposition d'âme, ensuite la méthode générale intellectuelle, nécessaires pour les bien résoudre. Et c'est assez, à votre âge; c'est beaucoup.

Eh bien, donc ! quel est cet esprit, quelle est cette disposition d'âme qui, — quoi que le monde puisse en penser, quoi qu'il puisse en dire, — est indispensable avant tout pour traiter avec ordre et normalité des vérités morales et littéraires?

Cet esprit, c'est l'esprit, seul unitif, de foi et d'amour catholique, animant, selon Dieu, un juste développement rationnel.

Et quelle est cette méthode générale, nécessaire pour servir là, le plus convenablement, l'Église et le progrès des connaissances humaines ?

S'il s'agit des sciences du monde moral, dont nous parlons ici, cette méthode, sommairement indiquée, est celle-ci : prendre une notion exacte de la tradition scientifique, des grandes recherches antérieurement faites sur ces divers sujets d'étude; scruter ensuite attentivement l'ensemble et le détail des questions que ces divers champs d'observation comportent; examiner et résoudre chacune de ces questions du point de vue, largement compréhensif, de la raison et de la foi unies.

S'agit-il de la littérature ? Messieurs, qu'il y aurait à dire sur ce qui doit constituer la littérature intimement chrétienne et sur la vraie méthode à ce sujet ! Et qu'il serait doux de le dire devant des esprits comme les vôtres, exercés en ce qui concerne la beauté littéraire, et devant une jeunesse qui a commencé d'en subir la noble séduction ! Mais ce n'est pas en quelques mots, c'est dans un long discours qu'il serait possible de traiter cette matière, qui n'est d'ailleurs que très partiellement celle de cet entretien.

Sur cela donc, Messieurs, que vous dirai-je ? Rien que ceci : admirons, en littérature, ce qui est l'expression bien sentie d'une âme éprise du beau esthétique entendu dans sa coordination parfaite avec le beau religieux et moral, et ce qui est d'ailleurs l'expression d'une âme sachant rester vraiment elle-même dans la traduction sensible de ce beau. Admirons ainsi ce qui, à cet égard, nous paraît juste, en dehors de l'artificiel, du factice, de l'immoral ou du seul convenu ; admirons-le sans préjugés, sans parti pris d'école, sans autre guide que notre vision intérieure de l'idéal et qu'un goût exercé, intelligemment appréciateur de ce qui réalise, d'une manière plus ou moins complète, cet idéal dans une sublime création de l'art.

Mais quels sont, jeunes gens, les moyens de former en nous ce goût littéraire ? Ce sont ceux que vos maîtres emploient chaque jour auprès de vous ; c'est l'intelligence et le sentiment peu à peu développés des principes de l'art, — soit par l'étude de ces principes considérés en eux-mêmes, étude capitale en littérature et sur laquelle on ne saurait trop insister, en prenant pour règle première les grandes données chrétiennes, — soit par la fréquentation judicieuse des grands écrivains, anciens et modernes, mis en face de ces principes.

Admirons, sous bien des rapports, les auteurs de l'antiquité grecque et latine. Quoi de plus musical que les rapsodies d'Homère, que les fils de l'Ionie et de l'Hellade ont portées jadis sur tous les rivages de notre mer bleue, de notre Méditerranée? Quoi de plus suave que ces chants qui, il y a deux mille ans et plus, ont charmé nos pères de *Massalia* et peut-être les lieux mêmes où je vous parle! Oui, sentons la mélodie phonétique de cette poésie qui, à cet égard, est et sera toujours une mélodie des plus enchanteresses.

Admirons, à des points de vue divers, Platon et Aristote, Eschyle et Sophocle, Théocrite et Pindare, Xénophon, Thucydide, Démosthène, Polybe, Strabon, Plutarque, Épictète, Plotin. Aimons Virgile, ce doux poète qui a transvasé avec génie, dans la langue des peuples latins, le rythme et la symphonie d'Homère. Plaisons-nous à entendre, dans ce qu'ils ont de vraiment bien et beau, Cicéron, Salluste, Sénèque, Lucain, Tacite, Claudien, et plusieurs autres, poètes, philosophes, historiens, en qui la haute raison a parlé souvent.

Mais goûtons cette littérature sans exclusivisme et sans excès; mais protestons contre ce fétichisme païen, idolâtre de la Grèce antique et de la vieille Rome, contre cette infatuation aux yeux de qui c'est un blasphème de dire que cet art d'autrefois puisse être surpassé ou même désormais atteint. Qu'est la beauté de l'esthétique grecque qui a servi de type absolu à la littérature latine, qu'est-elle généralement, si ce n'est une beauté froide, terrestre, sans enivrement du grand idéal, sans forte aspiration vers le divin? Qu'est-elle autre qu'une beauté, naturelle sans doute parfois, mais artificielle, mais naturaliste souvent?

En appréciant donc à leur vraie valeur les formes littéraires de la Grèce et de Rome, qui, en tant qu'elles ont été justes, ont servi et doivent servir de modèle aux écrivains modernes, Messieurs, disons-nous bien ceci : c'est qu'en littérature l'important est de placer la pensée esthétique de notre âge complètement au point de vue chrétien; l'important est de régénérer, de vivifier cette pensée, — l'idée et l'expression de l'idée, — par l'esprit nouveau, esprit surnaturel, inconnu de l'art si imparfait du monde païen, et absent, tant de fois aussi, de la littérature des siècles rapprochés de nous et du nôtre.

Oui, jeunes gens, voir le beau, non à cette lueur qui blêmit sous un naturalisme ténébreux, mais à la céleste lueur de la Croix ; sentir ce beau, non dans la misère de l'humain s'isolant du divin, mais dans le sublime de l'homme uni à Dieu, voilà le mot de la rénovation littéraire que nous devons appeler et servir !

C'est cette vie harmonique du surnaturel qui, au point de vue de la pensée et souvent aussi de la forme extérieure, a fait la grandeur de la littérature croyante qu'ont représentée, dans la suite des âges, Moïse et Job, David et Isaïe, Ézéchiel et Amos, saint Jean, saint Paul, saint Denys, Tertullien, Clément d'Alexandrie, Origène, saint Basile, saint Grégoire, saint Chrysostome, saint Augustin, saint Bernard, saint Thomas, Bossuet, Lacordaire et tant d'autres.

C'est là ce qui, dans la littérature plus spécialement appelée *poétique,* a fait la supériorité des hommes qui, en divers siècles, ont été les échos puissants du beau esthétique, de la vraie foi des peuples, et des légitimes aspirations de leur pays et de leur temps. Ainsi, sans parler des poètes bibliques et sans doute bien au-dessous d'eux, ainsi ont été plus ou moins et Dante et Calderon et Krasinski, et, dans cette France, dans notre siècle, Chateaubriand, Lamartine, Victor Hugo, dans leurs meilleures inspirations, La Morvonnais, Turquety, et ce poète, Paul Reynier, enlevé dans son printemps, lui qui, si jeune, poursuivait noblement la vraie mission de l'art, et notre cher Victor de Laprade, énergique militant de cette heure, vaillant préparateur de la littérature nouvelle, dans les œuvres de qui frémissent, chantent à la fois et le chrétien et le poète et le fier citoyen !

Voilà, Messieurs, quelques mots rapides et succincts à l'adresse principalement de ceux qui parmi cette jeunesse pourront, d'une manière spéciale, consacrer leurs labeurs aux sciences morales et aux lettres.

D'autres parmi vous, jeunes gens, seront portés vers telle ou telle des sciences si utiles et si nombreuses qui s'occupent soit des propriétés des nombres et de l'étendue abstractivement considérée, soit des agents, des phénomènes et des lois du monde physique.

Qu'y trouveront-ils ? Est-ce le fini seulement ? Est-ce seulement l'abstraction vaine ou ce qui n'est que matériel, comme croient le faire, en ce moment, des enivrés d'étroite science, des jouets orgueilleux et aveugles d'un matérialisme d'illusion ?

Et la loi, ne l'y trouveront-ils pas, elle qui dit sans cesse le Législateur divin, qui le nomme partout, dans l'immensité de l'univers, à travers l'espace et le temps ? Et l'harmonie, ne l'y verront-ils point, elle qui chante continuellement le Verbe, l'essentielle et vivante Harmonie ?

Et l'Idéalité increéée, ne la pressentiront-ils pas, sous ce spectacle des choses fuyantes, où tout parle de l'Idéal et où rien ici ne le montre, où tout converge vers l'absolu et où rien n'y aboutit ici-bas ?

Oh ! que ceux d'entre vous qui scruteront les sciences physiques et mathématiques, les sciences de ce monde matériel qui porte en lui tant de splendeurs et qu'une philosophie puissante a cependant pu avec justesse nommer « le presque rien » ; que ceux-là entrevoient et reconnaissent bien haut, sous ces propriétés de la matière, sous ces phénomènes changeants, sous ces manifestations extérieures et sous les forces qu'elles supposent, qu'ils affirment, sous tout cela, l'Être tout Ordre, le Verbe Amour, dont l'Incarnation suréminente explique seule l'idéalité intelligible toujours et partout incarnée dans la réalité sensible de l'univers matériel !

Et alors, avec leurs intérêts de quelques jours, ils pourront bien servir, non ce qui n'est qu'une vue chétive, inférieure, fragmentaire des choses, — cette vue étroite s'appelât-elle *la science*, avec un ridicule orgueil, — mais cette science secondaire comprise dans son rapport avec la vérité supérieure, ou la science *selon l'universel*.

Plusieurs sans doute, parmi ceux qui composent ce jeune et cher auditoire, seront appelés aux divers travaux de l'industrie, de l'industrie qui réclame de plus en plus le développement des connaissances de l'ordre physique et les mathématiques appliquées.

A ceux-là qui vont s'occuper de la vie manufacturière, agricole ou commerciale, à ceux-là je dirai : Préparez-vous à entrer activement dans cette voie du travail industriel, à y entrer et à la suivre, non avec le désir, avant tout, d'y *faire fortune*, comme le monde et votre cœur quelquefois complice vont vous le dire bruyamment, mais avec le désir, *avant tout*, d'y faire l'œuvre de l'Église, d'y servir les hommes, d'y faire aimer Dieu. La fortune ne vient qu'après.

Disposez-vous à apporter là l'esprit de la Rénovation chrétienne qui doit, dans l'industrie, substituer de plus en plus le travail selon la raison et la foi au désordre avidement mercantile de l'industrialisme, le travail généreux à l'exploitation de la misère, l'association de toutes les forces économiques à l'individualiste isolement ! Préparez-vous à apporter là cet esprit élevé, surnaturel, qui doit produire la conciliation de tous les véritables intérêts, au lieu de la cupidité naturaliste et aveugle qui les fait péricliter tous !

Préparez-vous à inaugurer ainsi, — avec l'époque qui vient, qui doit précéder le grand avenir, — l'union fraternelle de toutes les classes, là où s'agite, misérable, sordide, un égoïsme qui, sous la morale du *travail non pour le devoir, mais pour le jouir*, recouvre tant d'antagonismes et amoncelle tant de périls !

Enfin, Messieurs, — mais dois-je aborder cela ici? Oui, sans doute; pourtant je n'en dirai que peu de mots; — enfin, indépendamment de ceux que leurs études ou leur position appelleront à s'occuper particulièrement des choses politiques, personne parmi nous, en notre temps, aucun de nous, ayant reçu une certaine culture intellectuelle, ne doit rester étranger aux préoccupations de cet ordre, ne doit se tenir à l'écart d'elles.

L'indifférence ou l'absentéisme systématique, à cet égard, des hommes de foi, qu'amèneraient-ils? Ils amèneraient, ils maintiendraient indubitablement la prépondérance des fausses doctrines, l'hégémonie des hommes d'erreur ou de détestables passions, le triomphe de tout ce qui peut mener aux catastrophes notre Europe et l'humanité.

Aussi, Messieurs, dans la situation qui est la nôtre, pour qui sait la voir telle qu'elle est, en dehors des méprises toujours dangereuses de l'esprit de parti, devant des éventualités, devant des possibilités redoutables [1], je vous dirai à tous :

Le monde de la politique, pas plus que celui de la science, pas plus que celui de l'art ou de l'industrie, ne le laissez point se traîner sous l'inspiration de la seule habileté humaine, sous cet empirisme naturaliste, — « révolutionnaire » ou « conservateur », n'importe, — qui se croit sagesse et qui n'est qu'illusion. Ce monde politique, animez-le de l'esprit de l'Église. Faites-le vivre, lui presque cadavre ! faites-le vivre de la vie selon Dieu !

La démocratie moderne, rendons-la pure, faisons-la chrétienne. Arrachons-la aux expédients du naturalisme et à ses coupables aberrations. Fixons-la à l'Église; appelons en elle l'animation du surnaturel divin; donnons-lui le baptême de la foi et du grand amour; enthousiasmons-la de l'Évangile; passionnons-la d'ardeur pour Jésus-Christ! Et cette démocratie qui, sans cela, ne sera qu'une énergie fiévreuse, con-

1. Voir aux Notes, II.

vulsive, formidable, plus ou moins déréglée, deviendra une force puissante entraînant les peuples vers la justice où Dieu appelle les nations !

Ainsi, Messieurs, ce mouvement contemporain, irrésistible, qui emporte tout, hommes et choses, idées, institutions, vers une situation heureuse ou malheureuse, radieuse ou néfaste, selon que le souffle chrétien l'aura totalement pénétré ou non ; ce mouvement prodigieux de notre frémissante époque, il faut l'inspirer de la pensée chrétienne, il faut le diriger, non assurément en vue ni des seuls intérêts ni de la gloire des hommes, mais principalement en vue de Dieu. Ce mouvement, c'est aux hommes de foi, de conservation croyante et progressive, c'est à eux à le guider ; c'est à eux à en saisir énergiquement, à en garder l'hégémonie.

Que les hommes de justice chrétienne apportent à bien diriger cette rénovation politique de l'âge moderne les mêmes efforts, le même vouloir, actif, persévérant, que mettent chaque jour, à la compromettre, à la perdre, les hommes de dissolution sociale ; que l'on voie cela, enfin, il en est temps, dans notre France, dans cette Europe [1] ; et nous échapperons à bien des périls qui accourent, et nous verrons les peuples marcher vers une ère resplendissante, d'une incomparable grandeur !

Que cette jeunesse donc se dise : « Je veux, dans la vie politique où j'aurai mon rôle, mon devoir, je veux apporter là la foi vivante et la ferme raison. Je veux agir ainsi sur mon pays. Et ce désir, je veux le garder pur de toutes les viles ambitions. C'est dans le but de glorifier Dieu et d'être utile à mes frères que je veux alimenter en moi ce souhait de voir vivifier peu à peu le monde social de l'esprit surnaturel et chrétien ! »

Qu'elle se dise cela, notre jeunesse dévouée à l'Église. Qu'elle tienne à avoir cette influence ; qu'elle s'y prépare. Et elle aura

---

1. Voir aux Notes, IV.

compris ce qui est, pour un grand nombre d'entre elle, une partie de sa mission.

Et alors, et plus tard, qu'aura-t-elle fait? Qu'aura-t-elle fait? Elle aura servi avec droiture le développement providentiel d'une juste situation sociale; elle aura servi avec dévouement la POLITIQUE CHRÉTIENNE, qui domine de si haut toutes les passions désordonnées de la politique naturaliste, toutes les méprises de la fausse sagesse, toutes les illusions des gouvernements et des partis!

II

Voilà la mission sociale de la jeunesse contemporaine, voilà son devoir à l'époque où nous sommes.

Tout ce que je viens de dire n'est pas, en effet, de tous les temps, mais c'est du nôtre. Dans tous les temps, il n'y a pas eu ce développement utile ou dangereux, accessible à la jeunesse, permis à un grand nombre, dans les choses de la science et de l'art, et surtout dans celles de l'industrie et de la politique. Dans tous les temps, il n'y a pas eu possibilité, convenance, que dis-je? urgence même d'exercer une action chrétiennement rénovatrice sur tous les points qui viennent d'être indiqués.

Mais ce qui, à cet égard, pouvait n'être pas généralement possible autrefois à la jeunesse, est indispensable, je le crois, dans le siècle où nous vivons. Et, Messieurs, — tout considéré, tout pesé, avantages sociaux ou périls, — de cette possibilité nouvelle d'agir pour le bien, je remercie ce siècle ! Il a des souffrances, et beaucoup, à donner à notre soif de justice; il a au moins à nous laisser cette consolation !

Marchez donc, jeunes gens, marchez avec énergie et sagesse dans la voie de votre mission sociale. Entrez-y avec zèle; maintenez-vous-y persévéramment. L'Église, cette suave mère, sera là pour vous bénir; la fraternité chrétienne sera là pour vous appuyer.

Vous ne marcherez donc point seuls dans ce glorieux chemin. Vous n'y marcherez pas les premiers non plus. Jeunes gens, en ayant les yeux fixés vers votre but, pensez, pour votre exhortation, à ceux qui ont couru vers lui avant vous. Leur exemple vous fortifiera ; leur voix vous appelle : elle vous guidera.

Oh ! elle l'a comprise, sa mission, cette jeunesse qui a conquis la grande sainteté et que l'Église propose à notre vénération, à notre amour. Elle a aimé passionnément Jésus-Christ. Elle a cherché en tout le règne de Dieu et l'expansion triomphale de l'Église dans les cœurs et dans l'humanité !

Et les jours qu'ont immortalisés ces saints, les jours de ce passé, sinistre d'un côté, rayonnant de l'autre, ces lieux-ci ne les nomment-ils pas ? Ne parlent-ils pas de ces gloires ? Ne racontent-ils pas ces grandeurs ? Et, glorification, louange éternelle de notre Helvie, ne chantent-ils pas les dévouements, humbles, expiateurs, les magnanimités transformatrices de l'apostolat chrétien[1] ?

Nous faibles, nous tièdes, nous indignes, tenons au moins à marcher de loin sur les vestiges des Andéol, des Venance, des Denys, des Montan, de tant d'autres courageux défenseurs de la foi et de la suprême équité ; visons à suivre ces traces du céleste honneur. Et remercions Dieu de ces exemples héroïques, dont l'éloquence s'impose ici à toutes les pensées, dont la voix domine ici toutes les voix !

Elle la comprend sa mission, cette jeunesse que parmi nous Dieu appelle à entrer dans la hiérarchie de son Église. Dans le sacerdoce, dans la vie religieuse, elle met son zèle, toute son existence, à se dévouer aux premiers intérêts des âmes, à

1. Voir aux Notes, III.

activer, à diriger selon Dieu le progrès intellectuel et moral de notre temps. Et de tels services, Dieu seul peut exactement les apprécier; oh! seul il peut les récompenser.

Elles la comprennent, leur mission, ces âmes jeunes et ferventes, réunies dans plusieurs de nos villes et dans d'autres villes d'Europe ou d'Amérique, — réunies notamment à Paris qui voit, groupée sous divers noms, une élite généreuse, prosélytique, où sont pour moi des amis chers, à qui il m'est doux d'envoyer d'ici ce témoignage de fraternité.

Elle sait, cette jeunesse, que le salut de notre patrie, ce ne sera pas la force matérielle, ce ne sera pas la puissance mondaine, ce ne seront pas les débauches de « science » ou de popularisme de l'idéologie folle d'orgueil; ce ne sera pas le mensonge impur de la « libre pensée » et des voluptueuses vies.

Elle sait que ce salut est dans la foi pratique, dans les œuvres du dévouement chrétien prodigué à tous les souffrants, à tous les déshérités des vains bonheurs; dans les œuvres de ce dévouement incompris, calomnié, repoussé par toutes les servitudes du mensonge, par toutes les habiletés du siècle, par l'égoïsme de tous les cœurs mondains! Elle sait que ce salut est dans l'attachement plein d'amour à ce glorieux Pontificat Romain, si menacé dans nos jours troublés, et certes pourtant aussi fort que jamais!

Elle sait, cette jeunesse éprise de la vraie grandeur dans l'Église et selon le divin, que la prospérité de notre France et son rayonnement sur le monde sont dans l'union d'une foi agissante avec l'amour de la vraie liberté, de la liberté entendue et servie dans une virile sagesse, défendue dans l'ardeur pour Jésus-Christ!

Messieurs, ils l'ont comprise enfin — oh! permettez-moi ce souvenir, laissez-moi jeter quelques fleurs sur ces tombes! — ils l'ont comprise, leur mission, ces fils de la Pologne, presque enfants, déjà magnanimes, qui, dans la lutte achevée hier contre une oppression tartare, ont donné aux plus grandes causes, unies dans cette lutte et vaincues ensemble, l'héroïsme de leurs vingt ans !

Ils étaient là, combattant près de leurs pères, sous ce drapeau qui sera celui de l'avenir. Leurs mères, en les embrassant une dernière fois, leur avaient dit : Allez ! Leurs sœurs priaient pour la patrie et pour eux. Leurs prêtres, qui avaient béni ce combat grandiose, allaient bénir leur agonie et recevoir leur suprême adieu ! Ils ont combattu. Ils sont morts !... Oh ! ils aimaient éperdument leur foi et leur patrie ! Mourir pour elles leur a été doux !

Martyrs de l'enthousiasme saint ! Nous en avons vu les survivants ; nous en avons embrassé les frères mutilés, bannis ! Ah ! dans ce qui restait de cette jeunesse immolée aux furies de l'autocratie ; dans les frères de ceux qui étaient morts, morts au champ d'honneur ou morts en Sibérie, morts pour leur Pologne et pour notre France qui les laissait mourir, il y avait le grand amour de ce qui avait été leur mission ! Ces cœurs palpitaient toujours pour la foi sainte ; et, dans les larmes, ces souffrants de l'exil chantaient leur patrie, leur patrie qu'a vaincue la tyrannie d'un monde sans le Christ, leur patrie qui vaincra demain [1] !

Je vous ai dit, Messieurs, ce que je crois être le devoir social de la jeunesse dans notre temps.

Ce devoir se résume ainsi : Commencer à se préoccuper activement de la Rénovation chrétienne des âmes et des peuples ; bien se dire que cette Rénovation consiste à rattacher vitalement toutes les manifestations de l'énergie intellectuelle et morale de l'homme, à l'Église Romaine, à Jésus-Christ.

Mais cette mission, comment la jeunesse la remplira-t-elle ?

---

1. Voir aux Notes, V.

Comment pourra-t-elle l'accomplir ? Comment ? En ayant cet esprit catholique dont il s'agit d'animer de plus en plus le monde social. Comment ? En conservant ces nobles habitudes, ces sentiments simples et purs que vous, chefs de famille chrétienne, que vous, maîtres chrétiens, avez su inspirer à cette jeunesse. Comment ? En acquérant de plus l'esprit du prosélytisme évangélique, croyant et rationnel, que résument ces deux mots : *la prière et le travail,* c'est-à-dire, en ceci comme en cela, l'union de l'homme à Dieu.

Jeunes gens, pour accomplir cette œuvre, pour la commencer au moins et nous y vouer persévéramment, il nous faut, comme moyen suprême, comme moyen ordonnateur et vivificateur de tous les autres, il nous faut la pensée élevée vers Dieu, le fervent amour de Jésus-Christ son Fils, l'attachement filial à l'auguste et suave Marie, la respectueuse affection pour ceux qui sont investis du pouvoir religieux dans la hiérarchie chrétienne, surtout pour le Pontife qui est ici, sur cette terre, le représentant même de Dieu.

Voulons-nous, jeunes amis, quelques mots qui, comme un drapeau montrant la patrie, nous diront notre devoir et le moyen de l'accomplir ? Rappelons-nous ces mots divins : *Cherchez d'abord le royaume de Dieu et sa justice* [1].

Tout est là. Oui, cherchons d'abord le règne de Dieu, d'abord le triomphe de l'Église, d'abord la foi vivante unie à la ferme justice, d'abord l'amour du Christ inspirant la fraternité des cœurs.

Ayons l'ambition généreuse de conquérir à Jésus-Christ le monde de la Science, le monde de l'Art, le monde de la Politique, le monde entier du Travail humain.

Ne nous rebutons point des obstacles. Allons droitement vers ce but. Et ce but, si Dieu le veut, nous en approcherons, nous en ferons approcher l'humanité.

---

1. Matth., VI, 33.

Nos efforts persévérants, nos efforts obscurs n'auront pas été vains ; notre labeur ne sera point perdu, et, malgré les contradictions, les résistances sans nombre, les âpres difficultés de notre œuvre, ce labeur nous aura été doux. Nous aurons donné notre vie au devoir ; nous aurons rempli, indigemment sans doute mais consciencieusement, notre mission.

Et alors, Messieurs, nous aurons été, dans notre faiblesse, les préparateurs du grand avenir, les pionniers du véritable progrès !

LA FRANCE

ET

LA CROISADE MODERNE[1]

Messieurs,

Nous venons de rendre un public hommage à la Reine du monde d'en haut, à Marie, qui doit être aussi, qui sera la Reine du monde terrestre, la Reine puissante et acclamée du monde social; et nous nous trouvons ensemble le lendemain du jour où l'Église a fêté son glorieux défenseur saint Michel. Cette coïncidence et ces souvenirs nous dictent ce qui doit nous occuper dans cette Assemblée, réunie sous le patronage de Marie et de saint Michel et sous leurs suaves auspices.

Marie, la mère du Dieu sauveur, n'est pas seulement pour chacun de nous la plus aimable mère : elle est en même temps celle de l'Église. Elle est ainsi, pour l'Église militante, l'auxiliatrice des grandes causes; elle est la protectrice suréminente qui fait résister victorieusement à l'invasion de l'erreur, à l'assaut du mal; elle est celle qui, par son intercession souveraine, peut

---

1. Discours prononcé à Aps, dans une Assemblée catholique, le 1er octobre 1882.

dissiper les efforts du monde des ténèbres, l'audace et le mensonge, l'astuce et la violence conjurées.

C'est donc la pensée de l'Église, la pensée de ses combats, de son triomphe, qui doit être la nôtre en ce moment.

L'archange qui, dans le lointain des âges, vainquit la première révolte de l'orgueil s'écriant : « Je serai semblable au Très-Haut [1] ! » et fit entendre, dans les sphères de l'invisible, le cri de ralliement de la vérité et du devoir : « Qui est égal à Dieu [2] ? » ce cri qui, dans nos luttes de cette heure, doit être celui de tous les vaillants cœurs; saint Michel est, depuis l'époque qui a vu commencer notre développement national, l'ange protecteur de la France.

C'est donc le salut, c'est la prospérité sainte et non illusoire de la France, qu'il nous demande d'appeler; c'est à cela qu'il nous dit à tous de consacrer notre labeur, le déploiement de notre activité, dans toute l'étendue de nos forces, dans l'élan d'une noble ardeur, ayant avant tout l'ambition de servir le règne de Dieu.

Ainsi, c'est la préoccupation de l'Église et de la France qui doit être la nôtre ici, comme elle doit être bien plutôt la pensée constante de notre vie. C'est la sollicitude pour ce que réclament de nous et l'Église et la France, — l'Église, immortelle patrie de nos âmes, la France, notre patrie d'ici-bas, — c'est cette sollicitude à la fois calme et fervente, sereine et généreusement passionnée, qui doit faire ici entre nous le sujet de nos réflexions.

Voyons donc ce que ces deux préoccupations, ces deux amours qui pour nous n'en font qu'un, voyons ce que ces deux mots, — l'Église, la France, — ces mots électrisants pour tout catholique et tout vrai Français, voyons ce que, devant les nécessités présentes, ils peuvent, ils savent nous suggérer.

---

1. ISAÏE, XIV, 14. *Apocal.*, XII, 7.
2. Signification du nom de cet archange.

I

On a eu raison de le dire : dans la société nouvelle, telle que le Christianisme a commencé de l'édifier depuis des siècles, et telle qu'il peut seul lui donner toute sa perfection ; dans ce monde différent déjà, à tant d'égards, de celui de l'antiquité païenne, l'Église et la France semblent être providentiellement unies dans le cours de leurs destinées.

C'est l'Église qui a fait la France, comme elle a aussi constitué dans ce qu'elles ont eu d'élévation, de dignité, les autres nationalités modernes. C'est elle qui l'a mise à l'avant-garde des nations. C'est elle qui lui a donné pour consigne de défendre plus que son territoire, plus que sa richesse, plus que des intérêts éphémères, plus qu'une terrestre renommée, plus qu'un éclat que le temps doit dissiper, mais de défendre, chez elle et autour d'elle, l'équité et la vérité selon Dieu, qui doivent durer avec lui, qui auront en lui l'immortalité. Et devant cet appel, la France, par la voix de nos pères, la France a répondu : « Me voilà ! Me voilà, l'épée de justice ! Me voilà, le défenseur du Christ et le soldat de Dieu ! »

Ç'a été là un pacte solennel qu'ont fait l'Église et nos aïeux. Dans ce pacte, grandiose entre tous, l'Église a promis à la France les suprêmes bienfaits dont Dieu l'a faite dépositaire ; la France a promis à l'Église, avec l'appui de son prosélytisme et de son ardeur agissante, sa fidélité et son amour.

Et pensez-vous, Messieurs, qu'il puisse y avoir, dans l'histoire humaine, un spectacle plus glorieux que celui d'une nation voyant plus haut, voyant plus loin que les réalités passagères, et, par un contrat sublime, donnant à l'Être des êtres, au Verbe increé, à l'esprit de vie, son existence et ses destins, dans le présent et dans l'avenir ? Croyez-vous qu'il y ait quelque chose de plus puissant en merveilleux résultats sociaux, que le don de la grâce de Dieu répandue sur un peuple, et que la prise de possession, par le plus grand nombre des cœurs qui le composent, de ce qui est une participation à la vie même de l'Infini ?

Mais il y a une différence dans la manière dont ce pacte constitutif de notre patrie a été tenu par chacune des deux parties contractantes. L'Église, toujours infaillible, toujours divinement assistée, n'a jamais manqué à ses engagements. La France, depuis bientôt six siècles, prise de l'illusion coupable et dévastatrice, de l'illusion qui certes n'est pas d'hier, a souvent failli à ses promesses. Et cet esprit d'erreur, qui lui faisait déserter son devoir, après avoir, dans notre pays, soulevé bien des révoltes grondantes contre le Pontificat suprême, gardien vigilant de la justice et de la vérité; après avoir excité, fomenté des luttes fratricides sur ce sol troublé et sanglant, y a convulsivement jeté, avec l'impiété de plus de deux siècles, une traînée de perversions croissantes et d'indicible aveuglement.

Et pourtant, malgré ces atteintes au pacte de nos pères; malgré ces défections, plus ou moins étendues, plus ou moins durables, à la mission d'un peuple chrétien; malgré les taches, plusieurs ineffaçables même, qui ont souillé trop de pages de son histoire, à diverses époques du passé et au temps où nous sommes, la France, dans tout ce qu'elle a eu de nobles élans et de jours relativement prospères, a été l'appui de l'Église et le défenseur de la cause de Dieu.

Et sa vraie grandeur a été là. N'est-ce point parce qu'elle est restée la fille de l'Église, que la France a été entre toutes, avec la Pologne, la nation de l'honneur et du dévouement ? N'est-ce pas son attachement à l'Église qui a fait cette éclatante auréole que l'on a vue briller sur son front ? N'est-ce point parce qu'il a eu souvent, sinon d'une manière permanente, la ferveur chrétienne et catholique, que notre pays, malgré ses chutes, a été, plus que tout autre peut-être, l'énergique ouvrier du progrès?

Oui, Messieurs, c'est la foi de l'Église qui a fait à la France une vie plus forte que les causes de décadence et que les ferments de dissolution qu'elle a eus dans son sein. C'est l'esprit catholique, prévalant en elle sur l'esprit du mal, qui a créé et maintenu dans notre patrie, ou qui y a ranimé et fait revivre, le zèle pour ce qui est juste et saint.

Et le témoignage de ce zèle, le témoignage de l'ardeur croyante de nos pères, il s'élève éloquent, il sort comme un bruissement sonore des annales de notre passé. Cette histoire émouvante, quatorze siècles la racontent. Elle est écrite dans des œuvres inimitables et de la science et de l'art. Elle est écrite dans des créations multipliées d'une charité inépuisable. Elle est écrite sur tous ces sanctuaires, sur ces milliers de monuments chrétiens que nos ancêtres ont laissés et où ils ont mis leur pensée et leur cœur. Elle est écrite dans ces vestiges qui parlent encore de nos aïeux, vestiges imprimés sur ce sol qui est pour nous le sol de la patrie.

Cette histoire, séculaire, indélébile, elle est marquée autour de nous, dans ces vallées, sur ces montagnes, où nos pères ont vécu, où ils sont morts, mais où leurs œuvres magnanimes restent toujours vivantes de la vie du Dieu qu'ils ont aimé. Cette histoire est gravée dans ces lieux où ont passé les premiers pionniers de la foi chrétienne dans l'Helvie qui a admiré, qui a suivi ces athlètes de l'apostolat; elle résonne dans ces lieux qui, en des âges moins éloignés du nôtre, et aussi en nos jours, ont vu tant de ferveurs, inspirées par l'amour catholique, accompagnées de dévouements généreux. Ces souvenirs, ils sont écrits dans l'enceinte même où je parle. Ils sont là, tracés sur ces murs témoins de chaleureux élans, de purs, d'héroïques efforts; ils ont une voix, un accent profond, sur ce livre de pierre, sur ce monument du passé, où quelques restes d'il y a huit cents ans parlent encore du grand XIIe siècle et ont vu les fiers âges où des fils de la France allaient défendre le tombeau du Christ[1].

Et, s'il en a été ainsi, si là a été la gloire de la France, notre œuvre à nous, notre œuvre avant toute autre, notre sollicitude première, je devrais plutôt dire notre souveraine passion, comme hommes et comme citoyens, doit être celle-ci : Vivre intimement de la vie de l'Église, et en faire vivre de plus en plus notre pays ; c'est-à-dire, maintenir, accroître, affermir l'union de l'Église et des cœurs, l'union de l'Église et de la France.

Messieurs, c'est là notre devoir ; c'est celui de notre pays. Mais ce devoir rigoureux, pouvons-nous dire que notre patrie le comprend à cette heure, que notre époque le remplit ? Regardons autour de nous, dans ce milieu qui est notre temps. Voyons-nous l'union de l'Église et des pensées, des amours, des efforts ? Voyons-nous l'union majestueuse, l'union fascinatrice de l'Église et de la France ? Cette sublimité, la voyons-nous ici, en ce moment, aimée, préconisée, servie par l'ensemble d'un peuple ?

Ah ! cette question est pour nous d'un intérêt grave, palpitant. Et à cela il nous faut répondre : Ce premier devoir social, ce premier devoir de la France, ce devoir, compris par une élite que concourent à former tous les rangs de la société française, est oublié pour des pensées frivoles ou indignement déserté par un nombre bien plus grand. Est-ce tout ? Non, il y a plus encore. Pour une minorité effrontée, pour une minorité maçonnique et sectaire, ce devoir est l'antagoniste, ce devoir est l'ennemi ! L'ennemi à poursuivre par la violence, à poursuivre par des lois iniques, à poursuivre par le mépris du droit, à poursuivre par tous les moyens de l'impiété et de la haine, par toutes les audaces de l'impudeur !

Quel spectacle, Messieurs ! Et c'est celui que nous avons,

---

1. Voir aux Notes, VI.

celui que nous donne notre temps ! C'est cette union vitale pour les destinées des âmes et des peuples, cette union pouvant seule établir, fixer suffisamment le juste, le beau, le divin dans les cœurs et dans les nations; cette union merveilleusement bienfaisante, cette union nécessaire, que recommandent à la fois l'autorité de Dieu, la raison et l'expérience des siècles, c'est cette union que des hommes d'un effrayant vertige cherchent à bafouer, à briser!

C'est cette union féconde en innombrables dons divins, que des esclaves du mensonge et de l'égoïste ambition s'efforcent de détruire. C'est cette union, la plus haute expression sociale du vrai et du bien, que les malfaiteurs de la fausse science et les vils baladins de l'art s'acharnent à ruiner. C'est cette union, seule capable d'amener la magnifique transformation du monde, que les histrions de la politique, les hommes des honteuses cupidités, les hommes des infâmes tyrannies, les avides d'orgies ou de l'esprit ou de la matière, les débauchés de toute sorte et de tout nom, voudraient effacer à jamais!

Ces hommes du délire antisocial, qui n'ont donné qu'un but à leur vie : le culte des infimes jouissances et la satisfaction d'un sot orgueil, ces hommes, voyez-les, entendez-les. Ils disent à ce peuple :

« Tu es un peuple éclairé, indépendant. Tu veux le progrès? Eh bien! le progrès, c'est de renier Dieu. Tu veux la science ? Eh bien! la science, c'est d'éliminer Dieu. Tu veux la liberté ? Eh bien ! la liberté, c'est avant tout de repousser Dieu. Chasse-le donc de ton foyer; chasse-le de l'école; chasse-le du livre et du journal; chasse-le de la ferme et de l'atelier; chasse-le des temples de la justice ; chasse-le de ton armée, du gouvernement, de la tribune, du *forum;* chasse-le de partout! Alors tu seras ton maître, tu seras libre; tu régneras, tu jouiras! »

Et moi, j'ajouterai, avec tous les grands noms de la science, avec tous les grands hommes de l'histoire : Alors, peuple, après avoir salué et suivi ces voix du mal, tu seras au fond de l'abîme qui sera ton cercueil et l'éternel tombeau de ton pays!

Quel aveuglement! quel délire! quel charlatanisme ignare, éhonté!

Quoi! c'est lorsqu'un peuple cherche à être plus libre que ces pervers viennent tuer en lui le sens moral! C'est quand un peuple veut moins d'ombre, plus de clarté, que ces fous tâchent de faire, totale, en lui, l'éclipse du bon sens! C'est quand ils lui disent qu'il va être meilleur, qu'ils souhaitent voir, chez lui, lâcher le frein aux plus honteuses, aux plus lâches passions! C'est quand ils lui assurent qu'il va progresser superbement en justice, en fraternité, que ces enragés, ces haineux sectaires, l'éloignent de l'Église qui proclame l'ordre suprême, de l'Évangile qui dicte le devoir, de la Foi qui montre le juste avenir, de l'amour saint qui refoule l'égoïsme, du Dieu du sacrifice qui seul inspire l'abnégation et seul fait pratiquer le dévouement!

A ces sublimes réalités, à ces vertus, à ces dons de Dieu, à Dieu lui-même, à ce Dieu qui est « la vérité et la vie[1] » des âmes et des peuples, ils viennent, comme premier, comme unique régulateur du monde humanitaire, substituer le *moi* humain, stupidement arraché à son centre et jeté hors de son orbite; c'est-à-dire, qu'à la place du divin, dans l'homme, dans la famille, dans la nation, dans l'humanité, ils mettent l'égoïsme, ignoble, forcené, triomphant! Et cette saturnale d'orgueil, ils espèrent la faire « réussir » parmi nous, en pleine civilisation, avec la farce du « *laïcisme* », farce qui n'est pas seulement antirationnelle et antichrétienne, mais qui se joue impudemment de toutes les traditions, de toutes les tendances généreuses, de toutes les nobles aspirations d'un pays!

Et cette aberration, que la science prend en pitié, dont le patriotisme s'indigne et que stigmatise l'honneur, ils ne la proposent pas seulement, ils l'imposent! Ils la montrent armée de la coercition du Pouvoir! Ils l'appuient par l'hypocrisie qui re-

---

1. JEAN, XIV, 6.

couvre la brutale violence, la jetant en défi à la vérité, aux croyances, à la vie d'un peuple, lui donnant pour cortège et le mépris de l'équité et l'oppression des consciences et l'arbitraire tyrannique et la spoliation !

Voilà les adversaires de l'union de l'Église et de la France; voilà leurs pensées, voilà leurs actes. Ces pensées sont des pensées d'ignominie. Ces actes sont des œuvres de ténèbres. Ces hommes sont des hommes de perdition, de complète ruine pour les cœurs et pour notre pays !

Resterons-nous impassibles spectateurs devant ces projets audacieux, devant cette conjuration sinistre, devant ces attentats ? Non, nous nous lèverons ! Nous nous lèverons contre ces méfaits liberticides, contre ce vertige hideux, contre cette agression du mal ! Et contre cela, que ferons-nous? La Croisade moderne; la croisade de la lutte sans trêve, de l'énergie sans défaillance, contre ces perversions coalisées, Maçonniques, Juives, *libres penseuses,* — toutes s'appelant l'impiété, le mensonge; toutes faisant, contre la Foi, contre notre patrie, le suprême assaut malfaiteur !

Et cette Croisade, dont l'organisation fera le sujet d'un autre discours, quel programme doit-elle avoir ? Son objectif, que doit-il être ? Envisagé dans ses principaux points, cet objectif doit être celui-ci :

S'opposer activement à l'invasion de la société française par le naturalisme, athée, maçonnique, sceptique, jouisseur, des esclaves du monde de la matière ou de la vaine idéologie. Cet adversaire de Dieu et de la France, le combattre sur toute la ligne, sans la moindre compromission avec ses doctrines, sans demi-pactisation avec ses meneurs, sans pusillanimité devant son nombre, sans faiblesse devant ses audaces, sans l'ombre de complicité avec ses promesses et ses hypocrisies. Retremper, en même temps, notre pays, par cette lutte même, par les sentiments qui doivent la guider, le retremper non-seulement dans les pensées de foi, mais aussi dans une moralité forte et sincère, en l'arrachant, surtout par l'exemple de la vie, à cette demi-moralité trompeuse qui fraye le chemin à l'impiété et qui, présentant à un peuple le plaisir et l'or comme idoles, ravale les mœurs privées et fait disparaître les mœurs publiques. Animer enfin, par cet effort contre l'erreur impie, dévastatrice, vivifier, pénétrer profondément de l'esprit de l'Église, du souffle catholique, toutes les manifestations de l'activité humaine, isolées ou collectives, individuelles ou nationales, dans le monde moderne.

Et cette Croisade, qui sera la grande œuvre de l'époque où nous allons entrer, puisque cette époque ne doit pas être encore celle du triomphe social chrétien ; cette Croisade, ce sera celle de la foi et de la droiture, de l'ardeur croyante et du patriotisme, de la parole et de l'action militante, de l'exemple et du prosélytisme, simple, magnanime, fervent; ce sera la Croisade de la prière et de l'expiation, parce que c'est cela surtout qui peut donner, assurer la victoire sur la conspiration de l'iniquité.

Et, dites-moi, Messieurs, comment pourrions-nous songer, un instant même, à combattre différemment ces perversités envahissantes? Comment pourrait-on autrement parvenir à les maîtriser?

En dehors même, à côté du moins des perversions les plus audacieuses qui dirigent le mouvement, qui montent à l'assaut de l'Église et de tout ordre social chrétien, ne voyez-vous pas, dans les masses, y compris les classes dites éclairées, ne voyez-vous pas, au large et au loin, ce débordement d'égoïsme et d'incrédulité à demi inconsciente, cette cupidité avide, cette méfiance froide ou haineuse, cette aversion latente ou déclarée contre toutes les supériorités sociales, dans la famille, dans la cité, dans tout ce qui doit constituer un peuple, au lieu d'un amas d'incohérence humaine? Ne voyez-vous pas ce superbe dédain de toute vérité supérieure, dans des milliers d'inintelligences, d'incapacités vaniteuses, inexorablement retranchées dans leur étrange petit orgueil? Ne voyez-vous pas, ne sentez-vous pas presque partout cet isolement des cœurs sans noble but, sans amour généreux, sans fraternité, cette basse envie, cette sourde jalousie qui atteint, qui corrode tout, autant, peut-être plus, dans les classes moyennes ou élevées, dans les classes « intelligentes », que dans les classes inférieures et illettrées? Ne voyez-vous pas, non point épars, non successifs et disséminés, mais en un redoutable ensemble, tous ces symptômes révélateurs d'une livide décadence, ces signes caractéristiques du temps?

N'apercevez-vous pas ce courant de lâchetés, de bassesses, d'indignes défections à l'honneur, de désertion du juste et du vrai, pour un intérêt vil, pour une crainte pusillanime, — courant trouble, courant tumultueux, qui passe, qui roule ses bruyantes eaux? Ne voyez-vous pas ce flot qui monte, — amour effréné des jouissances, âpre attachement au gain, mépris du devoir, oubli de Dieu? Ce flot dévastateur, engouffrant ici ou là, à toute heure, l'union, la sécurité, la paix, ne le voyez-vous pas, après les villes, inonder les campagnes, après la luxueuse demeure ou l'atelier fiévreux et menaçant, pénétrer près de nous jusque dans la maison du laboureur?

Ne voyez-vous pas ce fléau des cœurs, ce fléau des pensées, dépravant les mœurs, faussant les consciences, étouffant et le sentiment pur et l'aspiration vers les choses d'en haut, éteignant peu à peu dans les âmes jusqu'au moindre foyer, jusqu'à l'étincelle du divin? Et, au-dessus de ce travail de décomposition, de cette œuvre, multiple à l'infini, d'abaissement d'un peuple, ne voyez-vous pas accourir le délire, la sauvage illusion? Ce délire, sous ses mille formes, on vous dit qu'il sème. Oui, il sème! Que sème-t-il? L'affreuse inanité, la civilisation perdue, les vertiges des cœurs, des peuples sans Dieu!

Et vous croiriez que ce déchaînement de l'esprit satanique, viciant toutes les forces d'un peuple, vous croiriez que cet effort du mal, on pourra le vaincre avec un programme simplement humain, avec les habiletés, avec l'enseigne, avec les panacées de ces plaisants moyens de salut, le semi-paganisme et la semi-mondanité! Vous croiriez qu'un mot d'ordre, une cocarde, les manœuvres, même intelligentes, les expédients d'un parti politique, quel qu'il soit, auraient le don d'arrêter, de refouler un mal si vaste, si profond!

Non! Et le supposer, comme on le fait en ce moment, c'est se bercer d'une pensée aussi vaine que dangereuse, car tout moment perdu pour travailler par de sérieux moyens à notre relèvement social, est d'une redoutable gravité. Toutes les ressources des partis semi-mondains, toutes leurs combinaisons seraient entièrement insuffisantes, et dès lors elles seraient illusoires. Les partis politiques, qu'ils soient au Pouvoir ou qu'ils l'assiègent, ont des vues trop indignement fragmentaires, trop aveuglément passionnées; ils sont trop à leurs intérêts exclusifs, trop constamment préoccupés d'avoir, dans ceux qui les servent, des instruments et des créatures, pour pouvoir dominer avec désintéressement et faire converger vers l'amour une situation telle que la nôtre.

Ces partis, qui ont deux poids et deux mesures; qui sont aversion et dédain pour ce qui n'est pas selon leur étroitesse; qui sont ingratitude pour tout zèle vaillant, déployé en dehors de leur orbite; qui sont injustice pour les fiers caractères, pour ceux qui ne s'inféodent point en eux, pour les pensées qui ne rampent point; ces partis sans l'esprit d'En-Haut,—et presque toujours, maintenant surtout ils ne l'ont pas, — ces partis peuvent activer, involontairement et plus ou moins, la désagrégation sociale : ils sont impuissants à opérer la reconstitution d'un pays! Par ce qui les crée, par ce qui les maintient quelque temps, puis les fait disparaître, les partis sont la division même. Et notre salut est dans l'union, dans l'union juste et intelligente, dans l'union avec l'Église et en vue de Dieu.

Certes oui, Messieurs, ce qui seul peut faire l'union vraie, c'est-à-dire l'union fraternelle et persévérante là où il y a des volontés humaines en désaccord profond sur ce qu'il y a de plus vital pour un peuple; ce qui peut la faire dans un pays livré, comme la France et comme toutes les nations de l'Occident, aux conflits passionnés, aux rivalités d'intérêts et d'orgueil, aux luttes implacables entre les divers éléments sociaux; ce qui peut la faire, cette union, humainement irréalisable et néanmoins impérieusement nécessaire, c'est Dieu et son Verbe sauveur : c'est JÉSUS-CHRIST adoré dans son Église, aimé, généreusement servi. Lui seul est l'Ordre et la Justice vivante; lui seul peut donc, dans notre France, dans toutes les patries, comme dans les âmes, faire l'harmonie, la justice et la paix.

C'est donc le signe du Dieu sauveur, c'est la Croix, devant briller sur le *Labarum* des peuples, devant guider les nations, c'est la Croix qui sera notre drapeau ! C'est l'étendard du Christ qui seul peut nous apporter le salut. C'est cet étendard que nous déploierons dans le monde moderne; c'est celui que nous suivrons, que nous arborerons vaillamment, lui qui sera, un jour, bientôt peut-être, celui de nos frères et de notre pays. C'est en lui qu'un jour, qui n'est pas loin, la France, l'Europe, le monde, mettront leur confiance et leur espoir !

II

Messieurs, je dois, il me le semble, et je veux insister, avec quelques développements de plus, sur l'union sociale à amener par de courageux, d'incessants efforts, faits en vue du triomphe de l'Église et sous l'étendard du Christ.

Et, pour mieux vous montrer l'urgence de ces efforts que réclame la Rénovation, — le drapeau de la Croisade moderne,

que dit-il, devant les aberrations, les dangers de l'époque où nous sommes?

Il dit la science, qui combat l'erreur monstrueuse se dressant redoutable, surgissant de partout, comme aux antiques jours païens. Il dit la fraternité, qui se dévoue, au milieu d'un individualisme tendant à devenir presque universel. Il dit l'abnégation, qui cherche en tout la justice et qui a en vue le bien public, délaissé et trahi, non en paroles mais en réalité. Il dit la foi et le grand amour, qui rattachent nos affections, nos intérêts d'ici-bas, nos familles, nos biens, notre patrie terrestre et passagère, à l'ordre immuable et au monde divin. Il dit, en un mot, la Rénovation chrétienne et puissante, que le monde attend.

Une Rénovation, ai-je dit, qne le monde attend, souvent même sans la connaître. Oui, cette Rénovation, tout l'appelle; tous, à sa pensée claire ou voilée, et les voyants et les esprits obscurs, interrogent au loin l'horizon. Tout l'appelle : et le cri des âmes, de toutes parts assaillies par le sophisme et par l'illusion; et l'anxiété des intelligences, désirant la lumière et n'ayant en elles que de vagues lueurs; et le malaise des cœurs inquiets, souhaitant un avenir moins sombre que le terne présent, et sentant que l'infimité orgueilleuse, la basse médiocrité, l'absence d'élévation, le manque d'âme, ont tout envahi, tout troublé, et bientôt peut-être auront tout perdu!

Cette Rénovation, tout la réclame, tout, et notamment l'état politique des nations, allant à la dérive, loin du rayonnement du Christ; tout la signale, tout la fait pressentir, et la misère morale de l'homme, et l'infinie bonté de Dieu.

Et c'est pour la préparer instamment, cette Rénovation magnanime; c'est pour qu'un jour elle se lève, dans une aube sereine, comme la clarté, en paraissant, chasse la nuit; c'est pour qu'un jour on la voie surgir, dans notre patrie et ailleurs, que la Croisade moderne s'impose, que nous devons en avoir la pensée, en avoir l'ardeur; que nous devons la propager, la répandre, comme la lumière de flambeaux divins brillant sur un ciel ténébreux !

Et, en préparant un avenir de foi et de justice, cette Croisade, — il faut le rappeler à nous-mêmes et autour de nous, — est aussi et d'abord appelée à sauvegarder l'époque où nous sommes. Bien que la France et, avec elle, d'autres peuples d'Europe soient certainement remontés du fond de l'abîme qu'ils ont touché il y a près d'un siècle, ils sont, non moins indubitablement, dans un état social des plus instables ; ils sont à préserver de catastrophes menaçantes et d'imminents périls.

Considérez, Messieurs, et dites-vous bien, dites-vous chaque jour, combien il presse, autant qu'il importe, de prendre, parmi nous, énergiquement la défense du vrai et du saint. Voyez une licence impie, bafouant tout ce qui est pur, outrageant tout ce qui est sacré. Voyez l'astuce et la perversité de la formidable conspiration Maçonnique, ayant pour elle tout ce qui est vertige, comptant sur la faveur et sur l'appui des Pouvoirs publics ; voyez-la, dans sa tortuosité louvoyante, dans son sinistre parti pris, qui cherche, par des efforts inouïs, à réaliser le projet, qu'elle a tramé dans l'ombre pendant trois siècles, d'arracher à la France, à l'Europe, la foi surnaturelle et l'amour du Christ, en employant d'abord l'hypocrisie, ensuite la violence, si la duplicité et la fourberie ne suffisent point.

Voyez, sous ces courants délétères, sous cette conjuration du mal, cette parodie, ou plutôt cette contrefaçon hargneuse et sectaire de ce qui doit être un régime de juste liberté; voyez cette singerie maçonnique de la République du Christ ! Est-ce assez d'affront, assez de dérision malfaisante ineptement jetée à la face de ce qui doit être, de ce qui sera un gouvernement de foi et d'équité, lorsque notre pays sera délivré d'une pareille orgie de méfaits !

Voyez-la cette nouvelle puissance, le Cabaret, apprêtant dans l'alcoolisme les insanités, les ruines et privées et publiques[1]. Voyez là, aidé, fomenté, appuyé par cette puissance de la sottise et de la sensualité, voyez autour de nous, un suffrage aveugle, ravalé, mené par les corruptions les plus viles, inspiré par les Loges maçonniques et la dépravation ; tenant le plus souvent, dans le choix de ses favoris, à aller prendre ceux qu'il fait triompher, dans les bas-fonds des ignobles intrigues ou de l'orgueil dément, dans les inintelligences, dans les indignités sociales d'une ignorance, d'une immoralité qui ont pour dieux le jouir et Mammon !

Voyez l'aversion de Dieu et de l'Église, inspirant des lois et des décrets, et soulevant des délires populaires ayant pour coryphées, pour instigateurs, dans une ombre de mystère, des hommes représentant la plus noire perfidie conjurée, résolus à faire litière de l'équité et du Droit national pour atteindre leur but et assouvir leur satanique passion d'apostasie[2] !

Voyez près de nous, la liberté du père de famille dans l'éducation de l'enfant, et la liberté souveraine, celle de l'Église, de l'Église ayant le droit primordial d'enseigner autant que d'exister ; voyez ces libertés, que la foi et la raison proclament, qui assurent la vie religieuse et morale d'un peuple, voyez-les traquées, mutilées parmi nous, au nom d'un fanatisme sectaire, honte et danger suprême pour la civilisation !

Voyez, l'honneur français, les devoirs les plus purs et les plus saints, les droits les plus imprescriptibles, atteints par un ostracisme odieux, par des proscriptions d'un autre âge, qui viennent frapper — quoi donc ? le vice, le crime, le mensonge, les menées, les actes impies, cherchant à détruire l'ordre social et mettant en péril une patrie ? Non, non point cela, mais la vertu, la sainteté, l'héroïque grandeur, le zèle incomparable, se prodiguant sans forfanterie, donnant l'exemple d'une énergie, d'un dévouement qui savent s'immoler !

1. Voir aux Notes, VII.
2. Voir aux Notes, VIII.

Voyez cette loi sur l'Enseignement, ou plutôt contre lui, sur l'enseignement qu'ils ont appelé « laïque », par une dérision des mots et un soufflet au vocabulaire, et plus encore assurément par une insigne perfidie; loi criminelle, loi tyrannique, loi impie, qui, sous le prétexte astucieux de faire des citoyens « éclairés », cherche uniquement, absolument, à faire de vos fils des victimes de l'incrédulité, des fauteurs d'athéisme, et qui, si vous laissiez l'iniquité liberticide suivre son cours, aurait bientôt jeté en eux l'ingratitude, l'effronterie, la dureté de cœur, que dis-je ? aurait fait d'eux, bientôt peut-être, des monstres d'égoïsme et de dissolution d'un peuple, des incendiaires du monde social !

Voyez ces millions, jetés à la folie de l'impiété, à l'insanité désorganisatrice, qui — sachez-le bien — creuse ici la détresse nationale d'un prochain avenir; voyez ces efforts, cette rage inouïe, employés à la perversion des cœurs, mis à préparer l'apostasie d'un peuple; voyez, devinez tout cet ensemble de plans ténébreux, de projets occultes ou à découvert, de cabales, de menaces, d'exécutions, contre la diffusion de la vérité de Dieu parmi nous [1].

Voyez, enfin, d'un autre côté, chez ceux qui n'ont pas fait pacte avec le mal, qui n'ont pas livré leur âme à Satan, qui ne se sont pas donnés à l'infamie, chez ceux qui ont encore même quelque aspiration vers le bien, voyez, chez ceux-là si nombreux, l'existence futile, l'inutilité de la vie pour les réalités supérieures, la complète absence de zèle, l'entière insouciance pour les premiers intérêts des âmes et de leur pays. Regardez tout cela, et dites-vous s'il n'y a pas motif impérieux de refouler ces perversions néfastes, ce délire antisocial, et certes aussi de réveiller de désastreux assoupissements; s'il n'y a pas ainsi raison urgente de faire la Croisade de la foi, de la suprême autorité divine, Croisade qui sera, en

1. Voir aux Notes, VIII.

même temps, celle de la raison humaine, de la vraie, de la juste liberté !

C'est à cela, Messieurs, que nous devons penser désormais, et c'est cette pensée qu'il nous faut traduire en actes. C'est la résolution inébranlable que nous devons prendre ; c'est la propagande active, persévérante, que nous devons faire, devant la Croix du salut, et d'abord et surtout pour elle, dans l'ardeur d'un fraternel amour, mais en dehors des chétifs espoirs, des intrigues mondaines des partis dont j'ai, — dans un jugement depuis longtemps porté sur eux, qui a pu paraître sévère, mais que les événements qui se déroulent ont, hélas ! trop justifié[1], — dont j'ai, je puis le dire, toujours montré le leurre, l'étroitesse, le mirage trompeur, l'inanité.

Oui, la préparation constante du triomphe social de Dieu et de l'Église, c'est l'œuvre dans laquelle nous devons tous entrer, tous nous affermir. C'est le but souverain que nous devons avoir en vue, que nous devons poursuivre, que nous devons montrer, en nous adressant aux divers milieux où s'agitent des intérêts matériels ou des préoccupations politiques ; c'est le but que nous devons indiquer hautement, explicitement, dans nos appels aux hommes des partis divers qui divisent notre pays. Quels que soient, en cela, notre conviction et nos souhaits, quel que soit là le point de vue secondaire que nous acceptions, que ce soit toujours avec la fin suprême de servir le Règne divin et d'entraîner vers lui tout ce que nous rencontrerons d'âmes patriotiques, d'esprits droits et de vaillants cœurs.

C'est là, Messieurs, ce que nous ferons. Nous serons des soldats de l'honneur, de la fraternité, du dévouement. Nous serons les hommes de l'indomptable espoir en la Croix libératrice, et de l'exaltation, dans notre patrie, de ce drapeau du Christ. Nous serons les hommes de l'expiation, dans la prière, pour les mé-

---

1. Voir aux Notes, II.

faits de l'impiété, pour les frivolités qui s'égarent, pour les léthargies malheureuses et les coupables illusions.

Dans ce temps ravagé par le matérialisme et l'incroyance; dans ces jours désordonnés et convulsifs; dans une nation qu'il faut remettre sur le chemin de la vérité et des fortes vertus; dans une société où le Maçonnisme et le vertige libre penseur ont dressé le camp du mensonge, et au sein de laquelle nous devons combattre l'erreur, mais où nous ne devons pas moins aussi montrer notre amour pour les cœurs qu'elle abuse; dans notre France et dans une époque qui, malgré tout, a pour elle l'appel divin, l'appel de la grande Rénovation, nous serons le parti du progrès par la foi vivante et de l'ordre dans la justice; nous serons le parti de la Croix qui seule peut sauver le monde; nous serons le parti de l'avenir, nous serons le PARTI DE DIEU!

CROISADE ET RÉNOVATION[1]

I

Mesdames, Messieurs,

Devant la fête chrétienne, entraînante, à laquelle nous assistons ; devant cette réunion sympathique ; devant ces cœurs qui ont su résister à l'infatuation, à l'inepte orgueil de l'Enseignement néo-païen, et à ses séductions grossières, et à ses aveuglements malheureux, bien des pensées m'arrivent, et, en songeant à l'avenir, je vois un passé qui surgit devant moi.

Je me reporte aux jours où, comme pour cette jeunesse, sous mon ciel de quinze ans, tout brillait d'un éclat radieux ; où une aurore de pourpre et d'or passait sous mes yeux, resplendissante, et me prodiguait ses enchantements. J'évoque, avec l'émotion du souvenir, ce temps où les perspectives de la vie, magiques, souriantes, m'offraient dans un beau rêve leur suave fascination ; où je courais déjà, moi aussi, vers les sommets de l'idéal

1. Discours prononcé à Montélimar, à la distribution des prix de l'Institution Saint-Joseph, le 26 juillet 1886.

qui attirent, qui enivrent l'âme; où je palpitais d'espoir dans l'avenir.

Et, comme ces jeunes cœurs que la Foi a éclairés de ses rayons et que le grand amour surnaturel a vivifiés de ses ardeurs, je sentais que le tableau qui se déroulait non loin de moi, hors de ce monde intérieur si puissant dans son charme, je sentais que le spectacle de l'égoïsme humain est trop bas et trop vil, que ses vanités, ses folies, ses cupidités, ses ambitions, ses plaisirs d'un jour, sont indignes de nous.

Et j'appelais un horizon meilleur pour ce monde social où nous sommes destinés à vivre; j'enviais pour lui une grandeur plus pure, une gloire moins souillée, moins fuyante que celle dont je voyais là, comme un vain prestige, miroiter le reflet.

Et cet horizon fascinateur, qu'était-il donc? C'était celui de la vérité, de la justice. Qu'était-elle, cette grandeur enthousiasmante? C'était celle du dévouement à la justice et à la vérité. Cette gloire, non ravalée, non ternie, qu'était-elle? Oh! ce n'était point celle qui est pétrie d'impure renommée, d'erreur, de mensonge, d'abjection. C'était celle qui est attachement à tout ce qu'il y a de sublime : Dieu, les réalités d'en haut, l'Église, le devoir, la Loi permanente, à jamais durable, l'Ordre selon l'universel.

Oui, cet horizon de lumière quoique entrevu à peine, ce milieu ravissant, je l'appelais ! je l'appelais pour mon époque; je l'appelais pour mon pays! Car je ne sais quel pressentiment, à défaut d'une notion précise, me les montrait déjà comme une époque troublée, un pays à peu près sans boussole, errant dans la pénombre, loin de la paix, loin de la vraie vie.

Et, presque avec larmes, je me disais : Ne verrons-nous pas notre France et le temps où nous sommes poursuivre, conquérir cette grandeur de la Foi, de la justice, du dévouement? Et, à cette question, que je me fais aujourd'hui moins calme encore peut-être, je répondais : « Comment! Cela, notre pays et notre époque ne l'auraient point! Tout cela, ils l'auront, si Dieu le veut, si nous mettons là tous nos efforts. Oui, si ce pays et cette époque n'en sont pas trop indignes, cela, nous le verrons ! »

Messieurs, qu'appelions-nous ainsi du fond de l'âme ? Nous appelions, en ignorant de cela le nom même, une grande, une juste, une chrétienne Rénovation. Et cette Rénovation croyante, généreuse, qui la faisait désirer ainsi par des cœurs de quinze ans ? Quelle voix leur avait parlé d'elle ? Quelle parole ardente, excitatrice, l'avait exaltée devant eux ? Aucune; aucune parole électrisante n'avait fait vibrer en nous ce nom, ce souhait, cet espoir.

Je me trompe, chers concitoyens qui m'écoutez : une parole, renfermée surtout dans le profond enseignement de la foi, s'était fait entendre, et en nous avait retenti. C'est celle qui est dans toutes vos nobles pensées, dans tous vos purs élans, dans toutes vos prières. C'est celle, jeunes gens, qui anime tout ce que vous étudiez, qui fait la vérité de la science, la beauté littéraire, la splendeur de l'Art. C'est celle qu'ont entendue, qu'ont admirée les grands écrivains, les orateurs puissants, tous les penseurs dans l'éloquente intimité desquels vous commencez à vivre. C'est celle qu'écoutait, il y a trois mille ans, ce poète Orphique qui chantait, dans sa langue si belle d'harmonie :

καὶ κωφοῦ ξυνίημι, καὶ οὐ λαλέοντος ἀκούω·

« Et j'écoute le (Verbe) silencieux, et je l'entends, lui qui ne parle pas[1]. »

C'est Celui qui parle sans cesse au dedans de nous sans bruit de paroles extérieures; c'est ce Verbe infini, ce Verbe divin, qui a notre culte et notre amour, qui nous appelle tous vers lui, l'Idéal, vers lui, le Vrai, vers lui, le Bien et le Beau ; c'est

1. Musée, Fragm.

lui qui nous disait, en nous montrant de loin la Rénovation à préparer, la Rénovation qui approche, la Rénovation à venir : « Voilà un aimant pour votre pensée, pour votre ardeur ; voilà un grand but pour votre vie ! »

Et, après des années, quand les passions néfastes, quand les périls se sont accumulés sur notre monde social ; quand passe, d'un bout de la terre à l'autre, un sourd frémissement, comme un présage de moments d'horreur et de jours d'effroi ; quand mugit de partout un souffle d'ébranlement, de destruction : destruction de ce qui n'est que l'œuvre éphémère ou trompeuse de l'homme, destruction de ce qui ne doit pas survivre, de ce que Dieu a condamné; ébranlement dans les esprits et dans les consciences, ébranlement dans les lois et dans les Pouvoirs, ébranlement dans les familles et dans les États ; quand, sur cette heure trouble et sur ce siècle convulsif, du nord et du midi, de l'orient et de l'occident, se sont donné un terrible rendez-vous tous les déchaînements de tempêtes, que soufflent les passions humaines et que dirige la suprême justice de Dieu ; quand les timides, les pusillanimes nous crient que c'est l'heure fatale, l'heure où toute grandeur va sombrer, je viens ici vous dire, de tout ce que j'ai de conviction ardente et d'espoir, que, dans ces jours d'orage et de tumulte que nous avions pressentis dès longtemps[1], c'est le moment de préparer la Rénovation !

Oui, cette Rénovation appelle ! Cette Rénovation attend ! Elle sera le relèvement des âmes. Elle sera l'exaltation sereine des cœurs. Elle sera la pensée humaine remontant vers le Vrai, par un fervent et magnifique essor. Elle sera la Science et l'Art rattachés à Dieu. Elle sera les préoccupations, les labeurs, l'activité sociale sous toutes ses formes, la Politique même, — qui a été si longtemps, qui est encore une des forteresses de Satan, — elle sera toutes ces forces, toutes ces énergies ramenées enfin et puissamment unies au Christ, au Dieu

1. Voir aux Notes, II.

vivant, et proclamant son règne, son triomphe dans l'humanité !

Ainsi, une Rénovation à préparer, par la jeunesse comme par l'âge mûr, par nous tous qui tenons à l'Église et au salut de notre pays ; une Rénovation contre le naturalisme débordant et contre ses hideuses dévastations ; une Rénovation trouvant ce qui doit l'animer, dans la foi et la vie catholique ; c'est-à-dire quelque chose d'autrement sûr, d'autrement efficace pour la régénération et le progrès des peuples que les panacées du charlatanisme ou de l'illusion, que les intrigues et les expédients de l'ambition, de la sagesse ou de la folie mondaine, quelles que soient leurs visées, quels que soient leur masque et leur nom ; quelque chose d'autrement vrai que ce qui fait l'espoir, si vain, si fallacieux, des partis : voilà ce que, devant vous tous, je voulais affirmer bien haut.

Et, redisons-nous-le, pour un utile, un courageux labeur en vue d'une Rénovation grandiose, c'est l'heure instante, l'heure opportune de l'action ; c'est plus que jamais le temps d'agir, moins que jamais celui de rester indifférents, inertes, ou celui de se décourager.

Sans doute, près de nous, le tableau est sombre. Sans doute, nous voyons en face de nous l'orgie de la « libre-pensée », l'orgie des négations ténébreuses, l'orgie du délire, des bassesses impies. Sans doute, cette orgie Maçonnique, effrontée, louvoyante, qui est sortie de l'ombre, qui cherche à tout attirer à elle, à tout étreindre, à tout déshonorer, à tout flétrir, elle est là, plus que jamais cynique, menaçante, et il faut la combattre : la combattre sans retard, la combattre sans cesse, non dans l'égoïsme, mais dans le grand amour ; la combattre par la parole, par l'exemple, par le prosélytisme ; la combattre dans l'École, dans la Presse, dans la famille, dans la commune, dans l'État, partout[1] !

---

1. Voir aux Notes, VIII.

Mais cette débauche d'ignorance qui va jusqu'à la sottise, cette débauche d'impiété qui va jusqu'à l'apostasie, cet athéisme jouisseur, ce matérialisme lâche et vil, c'est une perversion dans notre époque : ce n'est pas toute notre époque.

Ce « libéralisme » qui ose se dire « avancé », alors qu'il n'est qu'un leurre de l'orgueil, plus ou moins avancé vers ce qui fait la nuit de l'intelligence et la mort de l'âme ; ce mensonge imposteur, qui se joue de toutes ses promesses et foule aux pieds ses programmes d'autrefois, c'est une perfidie, un délire, une jonglerie éphémère : ce n'est pas lui qui porte les destins de la liberté !

Cette iniquité, froide, sectaire, qui est arbitraire, qui devient violence, qui se fait tyrannie, souillant le vrai qu'elle proclamait, jetant dans la boue ce qu'elle acclamait, c'est une honte, une infamie d'un jour. Dans l'infime moins-être d'une corruption sociale, c'est quelque chose aujourd'hui ; ce n'est pas demain, ce n'est pas l'avenir !

L'avenir, l'avenir prochain, dans cette France, dans cette Europe, dans tout le monde civilisé, il n'est pas à l'impiété, il est à la Foi ; il n'est pas au vertige révolutionnaire, il est à l'ordre dans la justice ; il n'est pas à Satan, il est à Dieu !

Et qu'est-ce qui nous le montre ? Qu'est-ce qui nous en assure ? C'est ceci : en même temps que la négation du divin a été plus audacieuse à l'époque où nous sommes, l'affirmation de ce divin y est devenue plus forte, plus ouverte, plus dévouée. En même temps que tel but inférieur ou secondaire est poursuivi par l'égoïsme ou par la haine, avec un exclusivisme de plus en plus aveugle, de plus en plus acharné, le suprême but social commence à apparaître, lui aussi, de plus en plus à notre époque ; il y est de mieux en mieux indiqué par l'ardeur clairvoyante, de mieux en mieux désiré, préconisé par l'amour agissant.

En même temps que le Droit de Dieu est méconnu ou déserté par un grand nombre, ce Droit souverain, ce Droit sauveur, est défendu par un nombre croissant de fermes athlètes, de vrais soldats du Règne divin. En même temps que l'effort satanique semble augmenter, le zèle catholique devient plus vaillant, et son élan plus décisif pour la victoire et le triomphe.

En même temps que les partis mondains, sceptiques, négateurs, ou même croyants, mais à demi, c'est-à-dire ceux qui se confient en l'homme seul ou en l'homme avant tout, s'usent, s'avilissent, se déconsidèrent, un Drapeau se déploie au-dessus de leurs mesquins drapeaux, un Parti grandit au-dessus des partis. Ce Drapeau, c'est la Croix; ce Parti, bien supérieur à un tel nom, rappelant ce qui n'est que fragmentaire, c'est le Parti de Dieu, c'est la Rénovation dans la foi, dans le sublime amour!

Ce qui nous le prouve enfin et en moins de mots, c'est ceci : En même temps que, dans quelques milieux, les ténèbres se font plus épaisses et plus mortelles, dans le milieu croyant le rayonnement divin apparaît et s'étend de plus en plus. Oui, là le rayonnement du Christ, le rayonnement du Cœur de Jésus, Éclat vivifiant du monde social de l'avenir, de plus en plus se montre, de plus en plus réchauffe et resplendit!

A d'autres époques, il y a eu peut-être, plus qu'aujourd'hui dans la société moderne, le déploiement d'une certaine sagesse; en d'autres temps, non éloignés du nôtre, il y a eu peut-être plus de prudence, plus d'habileté. Mais cette sagesse, cette habileté, cette prudence d'illusion, « conservatrice » ou « révolutionnaire », césarienne ou doctrinaire, ou même simplement futile et frivole, c'était la sagesse de l'égoïsme; c'était la prudence de l'homme voulant se passer de l'Église, se tenir en dehors de l'ordre divin. Et c'est d'elles que Dieu a dit : « Elle périra, la sagesse des sages; elle s'effacera l'intelligence des prudents[1]! » Et vous savez si, de nos jours, cette

1. Isaïe, XXIX, 14.

intelligence, cette sagesse, il a su les confondre. Et, dans l'effondrement, qui est proche, de bien des projets coupables, de bien des grandeurs impies, vous verrez encore si, cette habileté du sens humain s'appuyant sur lui seul, Dieu sait la dissiper, l'effacer!

Ainsi, vous tous, qui que vous soyez, vous tous réunis ici, plus que jamais, courage, espoir! Plus que jamais, de l'activité pour la plus grande cause, de l'ardeur pour le combat en vue de Dieu! Plus que jamais, du zèle, des efforts pour la Rénovation croyante, que nous avons à amener! Plus que jamais, en un mot, de l'action, de l'action virile, ferme, généreuse, dans la préoccupation souveraine d'un monde selon le Cœur, tout amour et toute vie, du Christ, du Dieu sauveur!

Le combat magnanime est là. La victoire y sera aussi.

II

Mais, Messieurs, cette union de vaillantes énergies agissant avec ensemble pour amener le triomphe social de la justice dans la Foi, qu'est-ce donc? C'est une Croisade.

C'est la Croisade de la parole et du dévouement, la Croisade de la Science, la croisade de la Littérature et de l'Art, la Croisade dans l'ordre économique et politique, la Croisade de toutes ces pensées, de toutes ces activités, devenant chrétiennes, devenant militantes pour l'Église et pour Dieu!

Et remarquons ici que, depuis que la lumière de l'Évangile a brillé sur l'humanité, toutes les époques fécondes en résultats intellectuels et sociaux, toutes les époques puissantes pour le progrès réel et non chimérique de la civilisation, ont été amenées par une Croisade.

Les grandeurs théologiques, philosophiques et politiques du

IVe et du Ve siècle sont sorties, comme l'effet sort de la cause, de cette prodigieuse Croisade où les Apôtres, les Martyrs, les Docteurs, les chrétiens héroïques des trois premiers siècles ont donné leur sang, leur labeur et leur vie.

La fondation de la nationalité Française et celle des nationalités d'Espagne, d'Italie, d'Angleterre, d'Allemagne, de Pologne, ces faits d'une importance capitale pour la société moderne, ont été produits et par la Croisade des Francs contre l'Arianisme et par celles de ces grands initiateurs croyants, un Charlemagne, un Alfred le Grand, un Miecislas, un Boleslas, contre la barbarie païenne.

Les gloires catholiques du XIIe et du XIIIe siècle en France et dans une partie de l'Occident, — cette merveilleuse efflorescence de la sainteté, de la science, de l'Art, de toutes les énergies individuelles et sociales, — ainsi que les plus pures gloires de l'Italie, du XIVe au XVIe siècle, — ont été préparées, amenées et par la croisade des Ordres monastiques contre les ténèbres du monde occidental et par l'incomparable croisade de la Papauté contre les perversités puissantes et le sécularisme renaissant, et par ces Croisades magnanimes qui jetèrent en Orient l'élite des peuples de l'Europe, à la conquête, à la défense du tombeau du Christ.

Les grandeurs sociales de l'Espagne, au XVe et au XVIe siècle, ont été le résultat, le prolongement de cette Croisade sublime, qui durait là depuis Pélage, contre l'invasion musulmane et contre la perfidie juive, que la vaillante nation moderne de la péninsule ibérique avait vue de plus près, mieux comprise que les autres peuples de l'Occident; elles ont été l'effet direct de cette Croisade qui ensuite, par Christophe Colomb, — certes un des plus grands, parmi les Croisés des temps modernes, — enfantait la découverte, la prise de possession d'un autre hémisphère par la civilisation Européenne, et donnait tout un nouveau monde à l'Église du Christ.

Les splendeurs de l'histoire de Pologne, ces splendeurs dont il faut se souvenir et qu'il faut proclamer, comme une protestation, comme un espoir, devant les forfaits des jours césariens[1]; ces splendeurs qui revivront après la chute ignominieuse et sanglante des triomphes de l'iniquité, elles ont été aussi une Croisade et contre l'envahissement Tartare et contre les dépravations Germaniques et contre cet autre fléau, le schisme Byzantin.

Les grandeurs de la France, aux premières années du XVIe siècle et dans une partie du XVIIe, ont été préparées et par cette Croisée martyre, Jeanne d'Arc, que nous verrons bientôt peut-être sur les autels, et par la croisade des grands Ordres religieux, et par la Ligue, une croisade aussi qui trempa si fortement les caractères, croisade assurément non stérile par tout ce qu'elle eut de vrai, et qui amena, avec un retour des pensées vers la Foi, un puissant effort contre l'hérésie, armée de toutes les perfidies de l'erreur doctrinale, et de toutes les violences, de toutes les audaces que sait répandre sur le monde l'esprit subversif de la Révolution.

La Croisade donc, il l'a fallu, et il la faut encore.

Il la faut, contre le Maçonnisme pervers, pour secouer, briser, jeter au vent sa criminelle domination, qui veut s'imposer à tout un peuple, que dis-je? à tous les peuples! Il la faut contre les néfastes auxiliaires de l'orgie maçonnique, le néo-Césarisme et le Jacobinisme destructeur! Il la faut contre un paganisme hideux, étalant de nouveau ses hontes, son impudeur, devant la civilisation! Il la faut pour arracher les cœurs à un marasme délétère, et les caractères effacés à un mortel affaiblissement, et les intelligences amoindries, incertaines, aux préoccupations stériles, à l'atrophie loin du divin!

La Croisade, il la faut pour propager la Foi, pour sauver les âmes, pour affranchir les peuples, pour affermir l'honneur et la justice, pour purifier, grandir la liberté! Il la faut pour le

1. Voir aux Notes, V.

triomphe chrétien qui se prépare, et qui — tous les signes avant-coureurs l'annoncent — sera plus grand, plus beau, plus universel que tous ceux qu'ont vus les jours d'autrefois! Oui, la Croisade moderne, il la faut. Et il la faut plus féconde en efforts libérateurs, plus investigatrice, plus ardente que toutes les Croisades du passé!

La Croisade moderne! Mais entendez ces voix qui l'acclament, qui frémissent d'enthousiasme à son nom, par delà l'Océan. Voyez tous ces défenseurs qui se lèvent pour elle dans la noble et jeune Amérique. Voyez cette République de l'Équateur qui s'en fait comme le héraut, qui la proclame, qui en arbore l'étendard avant nous[1]! Voyez là des chefs d'État, un Parlement, des hommes politiques, des évêques, des penseurs, des poètes, des orateurs véhéments et populaires, qui s'en sont faits les fiers soldats!

Eh bien! d'ici et devant vous, j'envoie à ces chrétiens magnanimes un profond hommage du cœur! J'envoie un salut ardent, un salut fraternel à ces valeureux et fervents catholiques, à ces républicains croyants et purs de l'Équateur, qui protestent, de leur parole et de leurs actes, contre ce qui ailleurs souille, déshonore la liberté! Tous ces militants, tous ces grands cœurs, Herrera, Cordero, Caamano, Ordonez, Andrade, Léon, Gonzalez, Espinosa, Matovelle, Florès, Manuel Polit, Léon Mera, et tant d'autres champions du Christ; et cette jeunesse que guident plusieurs de ces esprits vaillants, cette jeunesse de l'Équateur, non seulement éprise de science et d'art, mais sereinement passionnée pour la Foi, trouvant l'admirable grandeur dans la glorification devant les peuples du Cœur suave du Dieu d'amour; tous ceux-là, devant le vieux monde, devant ses lâchetés et ses indignes entraînements, devant ses partis à l'action dissolvante, avec leurs organes sectaires ou esclaves des ambitions mesquines ou asservis aux coteries, tous ceux-là, ils

1. Voir aux Notes, IX.

ont déjà, humbles et fiers, levé, là-bas, sur une terre libre, le drapeau de la Rénovation!

Et, dans notre France qui, si souvent en d'autres jours, a été le pays éminemment initiateur, la Croisade moderne n'est sans doute encore qu'ébauchée à peine, mais pourtant elle l'est. Dans le monde scientifique ou esthétique, comme dans celui du travail et celui du prosélytisme agissant, ici ou là de nobles cœurs ont cherché et cherchent à donner l'éveil, avec un sublime dévouement. Et je veux ici donner un souvenir à l'un de ceux-là que la mort vient d'enlever trop prématurément, à notre cher et regretté Raphaël de Lafarge, qui comprenait si bien et qui tenait tant à réaliser, dans le cercle de son action bienfaisante, la mission régénératrice à exercer dans l'ordre industriel. Mais ce sont là des exceptions encore, des exceptions consacrant leur zèle à l'œuvre sociale par excellence, l'œuvre de la Rénovation[1]. Le plus grand nombre est, à cet égard, dans l'inertie, dans la froide indifférence; et ce qui a l'influence du Pouvoir, de la célébrité, de l'éclat mondain, est plongé dans la même léthargie!

Et cependant, malgré ce spectacle et ce qu'il a pour nous de douloureux, malgré les défaillances de cette heure, malgré ces prostrations du sens moral, c'est encore à la France qu'il semble devoir être réservé de donner à la Croisade moderne toute son expansion, tout son essor. C'est à nous tous à y concourir, à apporter là notre labeur, notre âme, notre vie!

Jeunes gens qui êtes dans la voie du développement de l'intelligence, par l'étude de ce qui sera pour vous, un jour, la science et l'art, et qui marchez dans cette voie sous une direction éclairée, pouvant si bien faire épanouir en vous et les grandes idées et les sentiments les plus beaux, soyez-en recon-

---

1. Voir aux Notes, X.

naissants à Dieu ainsi qu'à tous ceux qui vous donnent leur dévouement, et, pleins d'ardeur, continuez.

Étudiez avec persévérance, avec esprit de suite, avec discernement; mais en vue de quoi? En vue surtout de la Croisade contemporaine à servir, en vue de la Rénovation chrétienne et catholique à faire triompher. Que ce soit là, pour vous, et de bonne heure, le but qui doit renfermer, qui doit résumer, au point de vue de votre action sociale, tous les buts principaux de votre vie.

Sans doute, vous pouvez, vous devez même, au moins beaucoup d'entre vous, vous préoccuper des buts honorables et secondaires de l'existence humaine : une position à avoir et une carrière à remplir. Mais tous, vous devez, en même temps, poursuivre quelque chose de plus élevé; et chacun de vous doit se dire :

« Plus haut que toute richesse passagère, que tout gain inférieur et matériel, je veux, dans la sphère d'action que j'aurai, tâcher de faire conquérir la grande Rénovation de mon pays! Je veux donner à cette cause le plus intime de mon âme, le meilleur de mes souhaits, de mes efforts. Je veux être, non seulement un homme de foi et de droiture, mais un Croisé des temps nouveaux, un soldat de la Rénovation qui vient ! »

Jeunes gens, vous le serez, je l'espère, soit que vous ayez votre place, votre devoir, dans les rangs si divers de la société civile, soit que, plus favorisés, vous l'ayez dans les rangs de la hiérarchie sacrée, noble ambition qu'il est beau d'avoir.

Pour être ici ou là, pour devenir des militants du Christ, vous n'étudierez point en vue d'une préoccupation étroite, en vue d'un résultat infime et d'un pauvre succès mondain. Vous étudierez le vrai scientifique et le beau esthétique, en union avec la Vérité totale, avec le Beau substantiel et vivant, en union avec Dieu. Votre étude ainsi, que sera-t-elle? Elle sera un élan de l'âme, une prière, un acte d'amour pour l'Infini.

Vous étudierez, vous vivrez en intime union de pensées et

d'ardeur avec le monde surnaturel qui domine de si haut nos chétivités et qui verse sans cesse, qui verse à flots sur notre indigence tant de ses innombrables bienfaits. Vous étudierez, vous vivrez en union avec tous ces grands cœurs, les saints, en union spécialement avec tous ceux, inconnus de vous et que Dieu récompense, qui, dans vos familles et dans un passé proche ou lointain, peut-être illustre, le plus souvent obscur, ont vécu de la foi et de la vie catholique.

Ainsi, vous saurez, vous voudrez ordonner vos affections, vos pensées, l'activité de votre jeunesse, les premières années de votre vie, pour combattre fermement, un jour, une idéologie qui aveugle, un matérialisme qui corrompt, un athéisme pratique, misérablement réfléchi ou bien, plus fréquemment, presque toujours inconscient de lui-même, « révolutionnaire » ou « conservateur », car il est aujourd'hui dans les deux camps ; vous vous apprêterez à défendre l'Église, sa foi, sa liberté, et avec elle la vraie liberté des âmes, la vraie liberté de votre patrie !

Et nous tous, qui que nous soyons, que notre poste, que notre labeur soit dans les Lettres, dans les sciences, dans la hiérarchie Ecclésiastique, dans l'armée, dans les professions libérales et les fonctions publiques ou dans l'agriculture et dans l'industrie, car je vois ici des concitoyens de tous les rangs, de tous les genres de préoccupation intellectuelle et sociale; qui que vous soyez, vous tous qui êtes réunis dans cette enceinte, quel que soit votre rôle dans votre ville ou votre campagne, dans vos affaires individuelles ou dans celles de votre pays; et vous aussi, mères ou jeunes filles, disons-nous tous que c'est avec des esprits et des cœurs qui, avant nous, ont eu à quelque degré la grande vie croyante, que nous devons, — plus encore, s'il se peut, qu'ils ne l'ont fait, — propager, défendre et cette vie et cette foi.

Disons-nous que c'est en union avec eux, comme avec tous

les vrais croyants de cette heure, que nous pourrons, si notre temps et nous n'en sommes pas absolument indignes, faire cette généreuse violence au Dieu de vérité et de justice, et voir approcher, hâter les jours de la Rénovation du monde. Disons-nous que c'est en union avec tous ces cœurs, combattants ou disparus mais vivants toujours, que nous devons penser ardemment à notre époque pour la relever, à la France pour la servir selon Dieu, l'arracher à l'abîme où s'engouffrent les peuples qui ont fui la céleste clarté !

Oh ! surtout, c'est en union avec notre Dieu sauveur, en union fervente avec son Cœur, le grand foyer des âmes, que nous aurons, pour notre époque et pour notre pays, et la parole qui ranime, et l'étincelle d'amour qui enflamme, et l'idéal qui montre le chemin, qui dit : En haut ! et l'énergie pure, simple, efficace, qui donne l'exemple, qui agit ! C'est en union avec ce Cœur divin, que nous aurons des prières, que nous aurons des larmes, pour tout ce qui court vers la perdition, en ces jours où les périls sont grands pour les âmes, pour les nations.

C'est en union avec le Cœur de JÉSUS, que nous aurons des appels, des supplications à Dieu et aux hommes, en même temps que des efforts donnés à la Croisade moderne, pour voir grandir l'œuvre divine, pour voir diminuer les inerties, les illusions, les folies qui font obstacle à cette grande œuvre, et ainsi pour avancer l'heure du triomphe de la vérité, de la justice, dans la sublime Rénovation !

NOTES

ET

PAGES SUPPLÉMENTAIRES

I

UN DES SPECTACLES DE L'ILLUSION CONTEMPORAINE.

Dans les jours du second Empire, d'où date le premier de ces discours, les cœurs qui parmi nous avaient la préoccupation de la cause de Dieu et de la justice, de l'Église et des intérêts supérieurs de notre temps, avaient des motifs de tristesse singulièrement justifiés.

Le droit national avait été foulé dans une jonglerie sanglante. La haute comédie politique venait d'avoir et avait pour auteurs des Machiavels, petits ou grands. Des institutions modernes on avait gardé ce qui est une séduction malsaine pour les masses, un appui pour les intrigues, un appât pour les cupidités : on avait soigneusement éliminé, sinon toujours, très souvent du moins, ce qui aurait pu et pourrait être encore une force morale, un auxiliaire croyant, un progrès rationnel.

Là, tout assurément n'était pas à réprouver; toutes les pensées politiques n'étaient pas fausses; toutes les intentions n'étaient point blâmables ni tous les faits non plus; mais la généralité, l'*ensemble* des choses gouvernementales avait été et restait désastreux.

Le colosse Russe avait été attaqué et atteint, au prix de la vie d'un million d'hommes, non dans une de ses parties vitales telles que la Pologne ou la Lithuanie, mais de la manière la plus inefficace et sur un plan inepte, à l'orteil. La Papauté avait été livrée aux projets, prémédités depuis longtemps, de la Maçonnerie Européenne, aux convoitises de la malhonnêteté, aux cyniques audaces du Piémontisme. L'unité Italienne avait été faite avec notre déshonneur, avec l'or et le sang Français. La Pologne, dans son sublime effort, n'avait trouvé pour secours que le vide, l'officielle et glaciale inertie, de ce côté du Rhin : nos forces militaires, — au lieu d'aller seconder à Dantzig, comme il était urgent de le faire pour nos grands intérêts menacés, cette héroïque levée d'une nation et le rétablissement d'un peuple indispensable à l'équilibre continental, — étaient allées se fourvoyer et se décimer en vain au Mexique. L'unité Allemande s'était accomplie avec l'hégémonie Prussienne et l'entière permission du Pouvoir français, qui pouvait alors et devait y mettre un obstacle vainqueur. La guerre et les invasions de nos frontières de l'Est et du Sud-Est étaient devenues possibles et bientôt imminentes, grâce à la stratégie de l'habileté impériale sur l'échiquier Européen.

L'influence Maçonnique ne se cachait plus. Avec l'appui ouvertement déclaré des hommes du Pouvoir, elle envahissait chez nous l'École primaire, les Collèges, les Lycées, les Facultés, les Académies, l'Administration supérieure, la presse gouvernementale ou privilégiée ; et les Conférences de Saint-Vincent-de-Paul, toutes les œuvres animées de l'esprit chrétien, étaient devenues des réunions suspectes, dont les noms étaient marqués à l'encre rouge sur les carnets officiels.

Une adulation solliciteuse et sans mœurs, Piémontaise, Espagnole, Prussienne, Slave ou Germanique dans les plus mauvais sens du mot, trouvait un accueil triomphant aux Tuileries et au Palais-Royal. Pour notre Empire, éclairé et « conservateur », nos zouaves Pontificaux étaient presque des traîtres, Lamoricière était à peine un Français. Le prince Napoléon et la princesse Mathilde ouvraient leurs salons au vertige athée et à l'impiété cosmopolite, aux Paul Bert, aux About, aux Sarcey, à toute une légion courtisanesque de futurs républicains. L'absence des principes qui gênent, l'effacement du caractère, la civilisation de surface, le savoir de jactance et le patriotisme d'apparat étaient les bienvenus dans nos sphères les plus élevées.

La jeunesse des Écoles, le jeune Barreau, les célébrités naissantes, les bohèmes politiques acclamés voguaient à pleines voiles vers l'épicuréisme « démocratique » et le matérialisme jouisseur. Les petits livres de sotte impiété et d'infâme débauche se faufilaient partout.

La police en bas, le Pouvoir en haut, avaient de complaisants sourires pour l'immoralité. Et, flétrissure pour ce pays et pour cet autre Gouvernement maçonnique qu'il s'est infligé à cette heure, tout cela est dépassé, largement même, dans le temps où nous sommes.

La série des effrayants déficits [1] s'était ouverte avec deux des premières pensées du règne, qui, ainsi qu'allaient l'être successivement la plupart des autres, étaient d'une politique inspirée par le Maçonnisme juif et Saint-Simonien. Le mercantilisme frelaté, l'industrialisme véreux, draineur de finance et de bassesses et le charlatanisme tapageur s'étalaient et pourrissaient un peuple. Ce qui est intrigue, duplicité, mensonge, artifice « démocratique » ou « autoritaire », avait la faveur, le succès, la richesse, l'éclat montré de loin, le prestige gouvernemental.

Et ceux qui se disaient que les peuples ne vivent pas seulement de pain et ont autre chose à chercher que les trompeuses apparences, que les vaines grandeurs et le plaisir, les esprits qui, à côté de ces folies, pensaient à la Rénovation, pouvaient le faire, étranges rêveurs pour cette lâche époque, à l'écart de l'éblouissement des hontes nationales, ou en écoutant, près de la tombe d'un grand peuple, si la vie avait cessé là ou si l'enseveli palpitait.'

II

PRÉVISIONS ET RÉALITÉS.

Nous avons indiqué, à cette époque, — non seulement dans ce discours, mais antérieurement et d'une manière plus explicite, en d'autres écrits [2] et dans des Conférences, — la crise politique que notre France abaissée traverse maintenant; et nous avons alors fait pressentir tout ce qu'un avenir prochain annonçait de périls.

---

1. Environ 540 millions, en moyenne, de déficit par an, à couvrir par l'emprunt, — un million et demi par jour. Et, ce qu'il y a de plus navrant, c'est que cette série commencée en 1852 et ouvertement déclarée l'année suivante, loin de se fermer, va depuis huit années en progression, avec la recrudescence du vertige maçonnique, accumulant les iniquités et les périls dans le Pouvoir qu'il domine et qu'il étreint.

2. Notamment : *La Pologne chrétienne et nouvelle*, deuxième partie, I, II. V, Paris, 1864; et *Politique rénovatrice*, particulièrement : Discours à Viviers et au Bourg-Saint-Andéol, Paris, 1869. Notamment encore : *Conférences sur l'Économie politique*, données à Privas en 1867 et 1868.

Parmi ce qui devait affermir dès lors dans ces conjectures, — comme indices généraux, en renfermant de particuliers, de l'ordre des expédients politiques, — étaient les symptômes suivants :

L'inintelligence du Pouvoir, au point de vue chrétien, et la démoralisation, souvent systématique, qui s'opérait par son action directe ou par son influence détournée;

L'inintelligence des conservateurs, égarés par leur égoïsme et par leurs jalousies méprisables, avant de l'être par leurs conducteurs attitrés; désorientés par ceux mêmes qui les dirigeaient; dévoyés par eux sur des sujets très importants, tels que celui-ci : l'affirmation ouverte, à admettre ou à écarter, de la prédominance des intérêts religieux sur des intérêts simplement gouvernementaux, économiquesou administratifs; abusés sur des points tels que celui-ci encore : la confusion, à faire volontairement, — comme tactique, moyen de guerre et de dénigrement certain, — ou bien à éviter, entre la *République,* — un gouvernement d'équité, vers lequel convergeaient déjà chez nous les plus fortes tendances sociales, — et le *parti* soi-disant *républicain,* qui n'avait jamais été dans ce pays que le porte-drapeau libérâtre et césarien de la tyrannie « libre penseuse » et l'un des éléments de la secte maçonnique : confusion aussi peu fondée, aussi fausse, que celle qui prétendrait assimiler la *philosophie,* cette chose sublime, et le *parti philosophique* du XVIIIe siècle, cette débauche d'audacieux prosélytisme et d'effrontée négation du vrai;

L'*inintelligence des partis,* et surtout des partis révolutionnaires, n'ayant pour programme que des vues plus ou moins exclusives, à servir sous des mots d'ordre en dehors desquels rien ne devait être jugé comme utile et de quelque valeur, au point de vue politique et social ;

Enfin, la prédominance complète donnée, par le Pouvoir et par la grande généralité de l'opinion, à l'intrigue sous toutes ses formes et à l'éclat menteur, sur la droiture du caractère et sur le sérieux vraiment moral de la pensée et de la vie.

Devant ces dangereux aveuglements, d'un côté; de l'autre, devant la légèreté incurable d'un très grand nombre, parmi les esprits cultivés et « intelligents », enclins ou résolus à tout accepter par insouciance, à tout laisser venir par amour du bien-être et d'un facile repos; d'autre part enfin, devant des courants irrésistibles, en partie justes, en partie erronés, une époque d'orgie politique pouvait être entrevue déjà se préparant à l'horizon. Elle était, pour nous, comme inévitable. Elle est accourue; nous y sommes; et ce sont encore moins les délires que les fausses « habiletés » des calculs désordonnés et du vain savoir qui nous y ont conduits et qui nous y maintiennent.

D'ailleurs, en face des cécités d'illusion de ceux qui dirigeaient, en France, le gouvernement ou l'opinion publique, l'appel de la Rénovation ne pouvait alors que se perdre dans les ténèbres d'égoïsme des Pouvoirs, des coteries et des partis, pleinement satisfaits de leur insuffisance, de leurs intrigues et de leur orgueil.

Toutefois, en pressentant, en montrant l'orage qui allait éclater, nous ne devions pas moins indiquer selon notre conviction profonde, dans la poursuite d'une Rénovation croyante, comme un des premiers buts d'un peuple, ce qui apparaît encore, en ce moment, comme le seul moyen de diriger vers un bien ultérieur les forces vitales des nations et d'y faire concourir même, à sa manière, la crise redoutable que notre société subit.

III

UN PAYS DU MIDI DE LA FRANCE ET L'ESPRIT DE LA RÉNOVATION, DANS LE PASSÉ.

L'œuvre de la foi et de la Rénovation catholique a eu, depuis longtemps, un de ses plus vivants foyers dans cette partie du Languedoc dont le *Bourg-Saint-Andéol* était dès lors un des lieux principaux, avec *Viviers* et *Villeneuve-de-Berg*. Grâce aux traditions chrétiennes qui s'étaient affermies profondément dans cette région et à des influences de l'ordre ecclésiastique ou de l'ordre civil, ces petites villes ont eu, pendant plus de trois siècles, un milieu intellectuel développé, comme l'avaient, non loin de là, *Uzès* et *Villeneuve-lès-Avignon*.

Depuis l'apostolat des premiers évêques d'*Alba Augusta* et depuis celui de saint Andéol dans l'antique *Bergoiate*, le massif accidenté qui s'étend autour du sommet de la Dend'Arès, entre le Rhône, l'Ardèche, l'Auzon, l'Escoutay et les contreforts au levant du Koyron, avait reçu de bonne heure une puissante vie religieuse, à la propagation de laquelle avaient coopéré, avec les chefs de la hiérarchie chrétienne, de grands anachorètes, tels que saint Geraud, saint Denys, saint Montan.

Toutes les croisades avaient trouvé là de fermes auxiliaires, depuis celle qui, amenant une grande époque, arrêta le bouleversement social opéré par le fanatisme Albigeois, jusqu'à ce qui fut aussi une croisade pour ces populations croyantes et, dans la première moitié du XVIIe siècle, brisa parmi nous l'effort subversif de l'hérésie.

Les établissements de Franciscains et de Récollets, du *Bourg-Saint-Andéol* et de *Villeneuve-de-Berg*, dans lesquels on compta des hommes aussi distingués par le savoir que par l'énergie apostolique, — le P. Irénée Lamiral, le P. Aquilin de Miribel, le P. Bonaventure, le P. François, de Tournon, le P. Meynier, le P. Félicien, — contribuèrent à maintenir là, dans une élite nombreuse, la foi fervente qui contrebalance puissamment l'indigence du formalisme religieux extérieur, existant alors comme aujourd'hui.

Les monastères d'Ursulines, de Dominicaines, de Bénédictines, au *Bourg-Saint-Andéol*, à *Viviers*, à *la Ville-Dieu*, rivalisèrent avec cette action prosélytique et avec l'élan d'âmes très généreuses vivant de la vie séculière, pour imprimer à ces contrées un essor catholique non encore arrêté. C'est là que l'on vit ces admirables cœurs, Marguerite de Laval, Marie de Monteil, Marguerite de Crosc, Gabrielle de Hautefort, ayant les vertus de la foi agissante; Jeanne d'Arlempdes[1], à peine convertie à la vie de l'Église[2], devenant apologiste de la vérité chrétienne et de la mission divine de la Papauté; Yolande de Villedieu, donnant l'exemple de l'ardeur magnanime, comme Laurent, son père[3], un de ces esprits qui alors, autant que nous et plus peut-être, appelaient la Rénovation.

C'est là que, depuis ces Évêques, éminents par la sainteté ou la vertu, qui ont été saint Auxonne, Eulalius, saint Lucien, saint Valère, saint Venance, saint Eucher, saint Firmin, saint Aule, saint Longin, Jean de Brogny, Antoine de Maillé, Louis de Suze, de la Garde de Chambonas, jusqu'à celui qui est aujourd'hui leur successeur si méritant dans l'apostolat, notre vénéré Mgr Bonnet; depuis ces prêtres accomplis des premiers âges, tels que le bienheu-

---

1. L'ouvrage apologétique de Jeanne d'Arlempdes, devenue l'épouse de J. de Beaumont, ouvrage écrit un demi-siècle après ceux d'un autre converti de cette région, Jacques d'Hilaire; ce livre qui a les appels religieux de notre époque, ainsi que les avaient d'autres pages, antérieures, comme celles-là, de trente ans, à l'inspiration froide qui a eu le succès parmi nous et a été le résultat du *grand siècle ;* ce livre, animé de l'esprit de la Rénovation, est d'une logique bien supérieure à celui que Jacques Lenfant publia, longtemps après, pour le réfuter, sous ce titre : *Préservatif contre la réunion avec le Siège de Rome, ou l'Apologie de notre séparation d'avec ce Siège, contre le livre de madame de Beaumont. Amsterdam*, 1723.

2. En 1655.

3. 1598-1657.

reux Pascase et saint Ostian, jusqu'à l'admirable François d'Autane et à l'abbé Vernet, le restaurateur du culte dans ces lieux après la tempête révolutionnaire ; depuis les moines évangélisateurs du IVe et du Ve siècle jusqu'à Marie Rivier, il y a eu là un effort incessant pour préparer le règne de Dieu.

Des combattants contre la violence perturbatrice de l'hérésie ou de l'incrédulité, tels que Guillaume et Jean de Balazuc, J. d'Hilaire de Jovyac, Melchior de Vogué, Louis de Surville[1]; des administrateurs tels que Jean et Raymond Nicolay, Louis de Chalendar, Jean du Fayn et de Montaut; des hommes remarquablement dévoués aux intérêts publics, parmi lesquels ce n'est pour nous que justice de rappeler ceux à qui nous rattachent des liens de famille : B. de La Selve, J. d'Aleyrac, P. de Tavernol, Antoine[2] et Hélie Angelin de Surville, François Rostaing d'Arlempdes[3], le P. P. d'Arlempdes, Antoine Barruel, le P. Augustin Barruel, tous ceux-là et des milliers d'autres ont été là des défenseurs de l'Église et des fervents du Christ.

Ces légions de vaillants chrétiens, que ces lieux ont eues dans le passé, ont fait là, simplement, d'une manière aussi glorieuse devant Dieu que plus ou moins ignorée des hommes, l'œuvre d'évangélisation, l'œuvre croyante et rénovatrice. Ils l'ont faite en dehors des faux entraînements d'opinion et des vaines célébrités. Ils l'ont faite à côté des lâchetés, des bassesses, des demi-scepticismes, qui, autant que les délires de la passion humaine, ont arrêté le triomphe divin, souhait de ces grands cœurs. Ils ont eu l'esprit de la Croisade; c'est pour cela que, — ainsi que pour toutes les âmes de foi vivante, nommées dans ces pages, — nous rappelons ici leur souvenir.

Ce que montre leur exemple, dans le passé que redisent ces lieux, c'est que l'appel de ce qui est durable ne fut point pour eux, comme il l'est de nos jours, étouffé par la préoccupation de ce qui n'est que passager. Ce que dit le spectacle de nos pères, ces cœurs ardents pour la justice et parfois aussi fascinés par l'Art, mais le consacrant au combat pour la Foi, — c'est que ces croyants d'un autre âge ne furent point de ceux qui présument avoir affermi les caractères, vivifié les intelligences, préparé ou amené le salut d'un pays, en ayant implanté dans les âmes, au lieu de l'amour du vrai, l'infatuation

1. 1666-1686; des Surville, de *Gras* en Vivarais; mort à *Bude*, dans la croisade de J. Sobieski contre l'invasion Ottomane.
2. Tué à *Leyris*, en 1621, dans la guerre contre l'insurrection Protestante.
3. 1666-1725.

des expédients politiques, des mièvreries littéraires ou des intérêts matériels; le futile engouement, la passion, malsaine dans son excès, pour un mécanisme social, pour une combinaison factice, pour un idiome, pour une langue, instruments de la pensée au service du bien et du mal, et qui deviennent, pour les frivoles, presque l'objet d'un culte byzantin. Le Christ, pour eux, n'était point, — comme il l'est pour les enfiévrés ou les fantaisistes des décadences, — voilé, misérablement annihilé par un de ses rayons du beau, par un reflet de sa justice, par un don secondaire de son amour.

Parmi les valeureux militants pour la cause chrétienne qui ont fait honneur au pays dont nous parlons au sujet d'un de ces discours, nous devons mentionner quelques-uns de nos contemporains, noblement dévoués à la Rénovation catholique : notre vaillant et regretté Alfred de Barruel; notre ami, l'abbé Rouchier, le savant historien du Vivarais; des membres généreux d'un clergé pénétré de la grandeur de sa mission, et la plupart profondément épris de la science et de la littérature chrétiennes, MM. Salce, Jallat, Landrau, Eldin, Coulomb, Riou, Couvert, Desmartin, Battendier, Billon, Rouvière, Mollier, Allignol, Terrasse, Sauzéat, Mounier, Paradis, Mirabel; l'abbé Pradier, un érudit pour la foi, un écrivain; et l'abbé J. M. Constant[1], sous la direction duquel était placé le collège du *Bourg Saint-Andéol* à l'époque où fut donné ce discours, — un des hommes de la Croisade moderne, qui a bien mérité de l'Église et de la science par son zèle et par ses travaux intellectuels.

IV

LE MOUVEMENT POLITIQUE MODERNE ET LES HOMMES D'ÉTAT EUROPÉENS.

Depuis l'époque où ce discours a été prononcé, certes non plus qu'avant, nous n'avons pas vu encore, en France et dans les nations qui nous entourent, le mouvement politique moderne compris dans sa vitalité puissante et dirigé, comme il doit l'être, dans le sens chrétien et rationnel.

---

1. Auteur, entre autres ouvrages, de *l'Histoire et l'Infaillibilité des papes.*

Nous n'avons pu voir, d'un côté, que des directions sans boussole; de l'autre, que des hésitations regrettables et des tâtonnements à faux; et, dans les esprits, avec une notion juste de beaucoup de points particuliers, importants à leur manière, une absence complète de vue exacte et de détermination pratique sur ce qui doit être la direction générale de l'ensemble des choses politiques et ce qui doit leur impriner la juste et forte impulsion vers le but. Tous les chefs de partis, dans notre France contemporaine, même et surtout les plus renommés d'entre eux, ont été comme des généraux qui, arrivant sur le champ de bataille, manquent de voir, du premier coup d'œil décisif, la direction de la manœuvre d'où doit dépendre l'issue de la journée.

Tous ces hommes, si éminents d'ailleurs qu'ils aient été le plus souvent sous le rapport intellectuel, n'ont ni assez connu la puissance de la vie catholique, ni suffisamment compris les tendances inéluctables de l'époque. Ceux qui supposaient les pressentir le mieux ont versé dans l'ornière d'un parlementarisme stérile dans son excès. Ceux qui cherchaient à réagir contre cette illusion gouvernementale en sont restés à cette autre impuissance : les vues de partis, à contresens des jours où nous sommes.

Aucun d'eux, à en juger d'après leurs actes, ne paraît avoir saisi ce qui doit affermir l'autorité sociale mise au service, non de cette erreur, le gouvernementalisme, mais de la justice chrétienne qui peut faire approcher une nation de l'équilibre de ses forces constitutives. D'où est surtout venu chez eux ce manque de vues suffisamment exactes et d'action convenablement utile? De ce que tous ont plus ou moins douté de la forte vie de l'Église, en tant que suprême agent rénovateur et pacificateur des peuples.

Bien mieux que ne l'ont fait les chefs de partis en Europe, les hommes d'État de l'Équateur, — mieux servis, il est vrai, par leur milieu, — ont compris récemment quelle était la direction générale à donner au mouvement politique de notre époque. Nous les félicitons d'avoir eu ainsi l'intelligence pratique de la Rénovation moderne et d'avoir mis par là leur pays dans la seule voie où les peuples peuvent désormais conquérir leurs plus nobles destinées.

Et comment s'est-il fait qu'ils aient eu plus de clairvoyance, nous ne disons pas que nos indignes politiciens, — comparaison qui serait une injure pour l'honnêteté, — mais que nos graves hommes d'État, tout aux expédients ? C'est qu'ils ont eu puissamment en eux le souffle catholique, ce souffle de la Croisade moderne, qui est celui des vraies renaissances sociales.

V

LES ENSEVELIS ET LA POLITIQUE DE RÉSURRECTION.

La Pologne est toujours dans son tombeau. On pourrait croire même que la vie est éteinte là, qu'au dedans comme au dehors se sont tues toutes les voix accusatrices de cette effrayante disparition d'un peuple et que le temps a pour jamais scellé l'œuvre de l'iniquité.

Nous ne dirons pas que le meurtre de la Pologne, avec le cortège de violences sans nom qu'il a amenées depuis plus d'un siècle, ait été le plus grand crime du Césarisme moderne; la désertion de la cause de Dieu, le mépris du premier devoir des gouvernements et des sociétés humaines, sont des crimes politiques plus grands, plus féconds en abaissements, en vertiges, en méfaits qui préparent et amènent la ruine des âmes et des nations.

Mais nous devons dire que l'extermination, préméditée et hideusement accomplie, d'une nation telle que la Pologne est une des révélations les plus sinistres de l'état désordonné dans lequel le schisme, l'hérésie, le naturalisme sous ses formes diverses, ont jeté ce monde social, et qui est au fond du Césarisme contemporain, quel que soit son masque gouvernemental, Empire, Royauté ou République.

Après ce forfait, qui, jugé d'un point de vue élevé, est plus malheureux encore pour ceux qui en ont été les exécuteurs que pour ceux qui en ont été victimes, il n'est pas étonnant que, pour étreindre la vie des peuples, pour arracher leur âme au Christ, pour l'asservir au culte du dieu Etat, pour faire ainsi, tout à fait sciemment ou à demi, l'œuvre du Maçonnisme destructeur, ce césarisme veuille, presque partout dans l'Occident, substituer son droit au Droit de Dieu, sa loi à celle de l'Évangile, son pouvoir pressurant à la sublime autorité de l'Église du Christ. L'assassinat d'un peuple chrétien n'est qu'un incident, *naturel* à la manière du naturalisme, dans le grand drame de la révolte contre la justice et contre la vérité divine.

Mais ce n'en est pas moins un spectacle, un ensemble de faits monstrueux, que cloueront au pilori de l'histoire l'honneur, la conscience et le verdict de l'équitable avenir.

La Pologne, murée dans sa tombe, porte toujours sur elle les signes d'une prochaine résurrection. Comme l'a dit une puissante voix : « Cette nation a pu être effacée de la carte de l'Europe ; elle ne l'a jamais été de celle de l'Église. — Elle est ensevelie ; mais une mère veille près du tombeau : c'est l'Église. L'Église attend le réveil de cette nation ; elle sait que c'est l'impiété qui l'a tuée et que c'est la Foi qui la ressuscitera [1]. »

Pour nous, qui nous rappelons et ces fortes paroles et celles d'un courageux et saint Pontife, demandant « des prières pour cette nation qui fut toujours comme un rempart contre l'Erreur [2] » ; montrant « ces martyrs qui souffrent et meurent pour la Foi », et, d'une voix tonnante, attestant, devant l'univers, que « le sang des faibles et des innocents crie vengeance auprès de l'Éternel contre ceux qui l'ont répandu », contre « une politique qui oublie les jugements de Dieu [3] » ; nous qui sommes persuadé que, comme l'a dit un éminent Évêque, si « ce peuple a été choisi de Dieu pour être offert tout entier en holocauste », « le prix de son sacrifice, c'est la rédemption temporelle des sociétés [4] » ; nous qui pensons avec une indicible douleur, pour cette heure sombre de l'Occident, à ces sacrifiés, victimes sans nombre, — prêtres, religieux, vieillards, mères, jeunes filles, jeunes hommes, enfants, — immolés, dans ce demi-siècle, sur l'implacable autel de l'esprit de domination, du satanique orgueil ; nous qui avons des larmes au souvenir et de ce que le despotisme nouveau, — lui si vieux dans ce monde, — a su faire de tout un peuple, et de tant d'infortunes subies, et de tant d'héroïsme oublié, nous sommes de ceux qui protestent invinciblement contre ces horribles forfaits et de ceux qui espèrent que, pour le peuple-martyr, pour ce magnanime enseveli, les jours qui se préparent seront délivrance et salut.

Une autre des victimes imposantes, majestueuses, du césarisme moderne, c'est le Pouvoir temporel de la Papauté. Et l'on peut remarquer que ces deux grandes institutions politiques, le Pouvoir temporel du Saint-Siège et la Pologne, nécessaires l'une et l'autre à l'ordre social des temps nouveaux, chacune selon sa valeur et à son rang, ont été effacées, dans la même période révolutionnaire, dans

---

1. M. G. Mermillod. *La Pologne.* Discours, 1863.
2. Pie IX. *Invito sacro* de 1863.
3. Pie IX. *Allocution* du 24 avril 1864, au Collège de la Propagande.
4. Mgr de Marguerye. *Lettre pastorale* ordonnant des prières pour la Pologne. 1863.

ce que l'on doit appeler l'Ère maçonnique, et qu'elles ont été brisées par le même esprit, les mêmes moyens, le même effort du césarisme néo-païen.

L'une et l'autre sont à ressusciter. Qu'est-ce qui aura pour elles puissance de résurrection ? La Croisade moderne, avec son énergie rénovatrice. Protestation vivante contre le paganisme ou le semi-paganisme social amenant ces résultats pervers et désastreux, elle sera une condamnation et de la politique néfaste qui, malgré l'Église et son droit souverain, a tenu à détruire une institution nécessaire à l'organisme actuel de la société croyante et ne la reconstituera jamais qu'artificieusement, et de cette politique damnée, la même sous un autre nom, qui s'est acharnée à rayer une vaillante nation du livre glorieux des peuples chrétiens.

La Rénovation, dans sa première période à venir, rétablira, instaurera selon le vrai cette *France du Nord*, dans une force et une grandeur nouvelle. Et, pour mieux sauvegarder l'Occident renouvelé, elle créera *la France de l'Orient*, dans le Liban et dans une partie de la Syrie et de l'Arménie.

Mais pour cela, dira-t-on, il faut d'abord voir la France *revivre* selon Dieu. Sans doute; et c'est là un des premiers buts que poursuivra et atteindra, nous l'espérons, la Croisade moderne.

VI

UN CENTRE D'ACTION DES ANCIENNES CROISADES.

Aps, élevé à côté des ruines de l'*Albe des Helviens*, l'antique cité de l'Helvie, est situé au centre même d'où la foi catholique a rayonné sur cette contrée du midi de la France. C'est dans cette cité gallo-romaine, *Alba Augusta*, qu'au temps de l'ère apostolique une des premières Églises des Gaules avait été fondée par un contemporain, ou à peu près, de saint Restitut, de saint Crescent, de saint Denys et de saint Eugène, — des pays Helléniques, — de Lazare, de Marthe et de Madeleine. Les glorieux évêques d'Alba, Janvier, Septime, Maspicien, Melanius, Avole, en répandant là la lumière évangélique, du Ier au IIIe siècle, y ont institué, on peut le dire, la croisade contre l'Erreur, y ont fait les premiers l'œuvre de la Rénovation.

Plus tard, de ces lieux voisins de Viviers ou des vallées d'alentour, sont partis plusieurs des chevaliers allant faire la Croisade en Palestine, Giraud, Lambert et Giraudenet Adhémar de Monteil[1], Genton du Barrès, Guérin de Rochemaure et Pons de Balazuc[2].

Plus tard encore, dans les mêmes vallées, des défenseurs du Christ, au XVIIe siècle, les du Pont de Ligonnés, les Logères, les Montréal, les Vinezac, les Castrevieille, — des noms trop oubliés et qui ont été certes plus grands que ceux de tant de fausses célébrités, — ont prodigué là, pour la cause de l'Église, leur âme et leur labeur.

Au XVIIe et au XVIIIe siècle, dans ces localités d'*Aps,* de *Saint-Pons,* de *Valvignères,* ou dans les environs, des prêtres éminents, notamment les prieurs Noël de Chalendar, Jacques Dusault, Charles et Jacques Mercoyrol de Beaulieu, Gabriel Angelin de Surville, Ferrières, de Romieu, Raymond Guyon, l'abbé Helly, de *Gras,* le religieux franciscain Vacher et bien d'autres, dont quelques-uns même furent des martys de la vérité, consacraient leur zèle à lutter contre les doctrines irréligieuses de leur époque.

Et, de nos jours, après ces militants du sacerdoce ou de la vie chrétienne, qui, admirables de dévouement, ont fait là modestement l'œuvre sublime, un de leurs successeurs, l'abbé Gallès, met à la défense de la même cause son zèle et sa parole entraînante, animée de l'esprit de la Croisade et fervente dans la lutte pour la foi. Un catholique, un médecin dévoué à l'Église, M. Gaillard, a voulu servir là, lui aussi, avec persévérance, les grands intérêts religieux, en même temps qu'il arrachait à la destruction le manoir des Monteil et des Montagut, qui domine les décombres gallo-romains, les éloquentes ruines éparses et gisant à l'entour.

---

1. Baron d'Aps, du Teil, de Barri et de Rochemaure, tué au siége de Jérusalem, le 15 juillet 1099. Il était allé à la Croisade avec ses deux frères, Giraud et Lambert. C'était un cousin du légat Adhémar de Monteil, mort en Palestine en 1098.

2. Tué au siége d'Archos, en 1098.

VII

UNE PUISSANCE DE NOTRE ÉPOQUE.

« L'opportunisme », si riche en pensées et en actes de dissolution sociale, a été logique avec ses principes, avec ses intérêts dévergondés et avec sa tactique de désorganisation des forces vitales d'un peuple, lorsque, par la loi de 1880, il a exempté l'ouverture des cabarets de toute autorisation du Pouvoir public. Il a agi là conformément à ses instincts démoralisateurs, — le cabaret étant, comme on l'a dit, la première *École laïque,* celle qui depuis longtemps a devancé les autres. Il a agi là comme le demandait son but, cyniquement électoral, — le cabaret, mené par la Loge maçonnique, étant aujourd'hui un agent décisif dans nos luttes électorales.

Depuis cette loi de 1880, le nombre des cabarets s'est accru, d'une manière effrayante pour la moralité publique, de 42,000 en six ans, ce qui donne un chiffre de 400,000 débits de boissons en France, à la fin de 1886.

C'est là que s'engouffrent et les salaires de l'ouvrier et les petits revenus du paysan et la paix des familles et la foi, ainsi que le sens moral d'un peuple. Le cabaret, *libre* tel qu'il l'est, c'est à peu près l'intoxication publique organisée; c'est un peuple au régime de l'alcoolisme, sur la voie d'une demi-insanité, plus dangereuse pour l'ordre social que l'entière aliénation mentale.

Voilà un des résultats de la politique du Maçonnisme « opportuniste », tenant à voir « une industrie comme une autre » dans ce qui peut être moralement, et matériellement aussi, un empoisonnement national. Fraudes, falsifications éhontées et criminelles, misère et abrutissement, débauche politique, folies de toute sorte et de mille noms, tout est là.

Du reste, les *conservateurs,* au Pouvoir il y a douze ans, — s'ils n'ont pas, comme l'a fait «l'opportunisme», lâché tout frein au cabaret, — sont loin d'avoir fait à cet égard ce qui était d'une impérieuse nécessité et d'avoir apporté là la réglementation sévère qu'on leur indiquait, nous entre autres, comme étant ici une mesure de salut social; et leur faiblesse, sur ce point comme sur d'autres, notre pays la paye chèrement.

Devant ce fléau démoralisateur d'un peuple, il y a un devoir tout tracé d'action sur l'opinion publique en vue d'une modification urgente, à ce sujet, des prescriptions légales: c'est celui que remplira, nous n'en doutons point, la Croisade moderne.

VIII

APERÇU DE L'ÈRE MAÇONNIQUE.

Le Maçonnisme judaïque, cette sinistre félonie qui mine la société contemporaine et qui, pour l'œuvre destructive, personnifie, dans l'Occident, la puissance de Mammon devenue un levier d'apostasie, est, dans notre époque, le suprême agent de la désorganisation sociale, l'infatigable préparateur du branle-bas Européen. A ce titre, et vu son énergie destructive autant que son rôle aujourd'hui prépondérant, il mérite de donner son nom à toute une période historique, à la fin de laquelle nous arrivons.

Ce syncrétisme, infernalement *unitaire,* où, comme nous l'avons dit ailleurs [1], sont condensées les rêveries gnostiques et Manichéennes du vieil Orient et la froide « libre pensée » de l'Occident; ce savant organisme de *haute trahison* de la civilisation Européenne, organisme redoutable dont Fauste Socin, — le même qui, après Lelio Socin, par les résultats *ultérieurs* de son prosélytisme, devait si puissamment contribuer à la ruine de la Pologne, — a, plus que tout autre, répandu la pensée subversive et l'action aussi habile que néfaste; cette église de l'impiété moderne, comme nous avons cru pouvoir l'appeler [2], s'est donné pour but de réunir, et associe en réalité dans la même œuvre de négation de l'ordre surnaturel, divers éléments sociaux, profondément antichrétiens : un élément hérétique, très accentué dans la révolte contre la vérité divine; un élément Juif, très acharné à poursuivre la disparition

---

1. *Les Maudits.* Préface. Lyon, 1881.
2. *La Liberté républicaine. L'Internationale et la Maçonnerie.* Paris, 1871.

de ce qu'a institué le Christ, de ce qu'il anime de sa vie, et un élément révolutionnaire, très répandu de nos jours dans l'Occident.

Le rôle de ce vaste foyer de conspiration antireligieuse est à la fois de faire le guet, d'embaucher pour l'apostasie toutes les défections, toutes les défaillances qui se produisent dans la société catholique, et d'assurer, par tous les moyens, le fonctionnement du mécanisme audacieux, destiné à attirer, à prendre une à une, dans son engrenage, toutes les institutions privées et publiques de la civilisation que l'Église a créée.

Pour ne parler ici que de ce qui fait une partie seulement, mais une partie essentielle de son programme dans notre siècle, avec ses visées constantes en vue de la possession du Pouvoir, dont, chez nous, il a fini par s'emparer complètement, — il a trois principaux objectifs, dans la guerre sourde ou déclarée, toujours pleine de déloyauté et de mensonge, qu'il fait à l'ordre divin et qui est pour lui sa raison d'être. Ces objectifs sont : le Sacerdoce et les Ordres religieux, c'est-à-dire tout ce qui touche à la hiérarchie sacrée ; les masses populaires, et la jeunesse.

Contre les premiers, il a depuis longtemps tout un système d'hypocrisie perfide, de basse calomnie, d'exploitation cynique de l'ambition et de l'orgueil humain. C'est par la proscription des Jésuites, en 1762, par cet acte odieux dont il a été l'instigateur, par cette mise hors la loi, aussi artificieuse que violente ou plutôt inqualifiable au point de vue de l'équité, que le Maçonnisme judaïque a ouvert la longue série de ses attentats politiques et sociaux. Sans parler de toutes les démences froides, tyranniques, avec lesquelles, il a, à cet égard, poursuivi son œuvre dans les deux continents, il s'est signalé depuis peu, parmi nous, au mépris de tout ce qui tient à la droiture et à l'honneur, par les moyens de législation qu'il a fait édicter : décrets d'ostracisme, mesures de mise hors le droit commun ; arrêtés administratifs spoliateurs ; lois destinées à rabaisser le prêtre et son œuvre surnaturelle, à empêcher le recrutement du Sacerdoce, à lui interdire toute ingérence dans la société civile, à creuser, s'il se peut, un abîme entre lui et le monde moderne.

Contre les masses populaires, en montrant auprès d'elles la plus coupable des courtisaneries, le Maçonnisme a une presse immonde et provocatrice, en vue d'un prosélytisme subversif. Il a des légions d'émissaires pour les ateliers. Il a les menées, soudoyées par lui, du socialisme et du radicalisme anarchique, hydre aux mille têtes et aux cent noms, depuis les hautes Ventes, à demi bourgeoises, à demi prolétaires, jusqu'au *collectivisme* et au *dynamitisme* de l'*Internationale* et des nihilistes. Pour cela, le Maçonnisme a eu et a encore des hommes consommés pour l'œuvre de la destruction : Karl Marx, Becker, Mazzini, Touatchine, Netchaiew, Blanqui, F. Pyat, Bakounine, Bebel, Rittinghauser, de Paepe, Jacobi, Engels.

Ceux-là, et tant d'autres qui ont savamment organisé la stratégie la plus antisociale, dans l'Occident Germanique, Slave ou Latin, ont tous été, sont tous des instruments du Maçonnisme, et en représentent ou l'élément hérétique ou l'élément Juif ou l'élément révolutionnaire cosmopolite.

Contre l'enfance et la jeunesse, le Maçonnisme a l'impiété dans l'Enseignement ou *la laïcité gratuite* et *obligatoire*, armée de lois et de règlements oppresseurs.

Le *laïcisme* dans l'Enseignement était, depuis l'origine de la conjuration Maçonnique, un des points essentiels de son programme. La politique inspirée par les Loges s'est donc hâtée de l'appliquer ; elle y a mis et y met, parmi nous, un acharnement inouï. Une première loi [1], attentatoire au premier chef à la liberté de la famille et de la commune non moins qu'à celle de l'Eglise, n'a pas suffi à ces sectaires pour qui « *la République* », — comme ils appellent leur jonglerie impure et jacobine, — est un carnaval d'athéisme, où l'ignorance effrontée et l'impudence vont de pair avec le mépris de la justice et de la vérité.

Une nouvelle agression, postérieure au discours que nous publions ici, une nouvelle « loi » du 30 octobre 1886, une autre loi dévastatrice de la liberté de l'Enseignement primaire, vient de poursuivre la série des méfaits du Maçonnisme contre le droit d'une nation. Par ce nouvel instrument d'oppression des consciences, l'Enseignement Congréganiste est supprimé [2] en fait dans toutes les Ecoles primaires publiques, quelles que soient les protestations communales ; l'Enseignement libre est mis complètement [3] au régime du *bon plaisir* des agents d'un Pouvoir tenant à introniser partout de force *le laïcisme obligatoire*. Enfin, par cette même loi, la confiscation est rétablie [4] par ces coryphées d'impudeur, par ces bateleurs de « progrès » et de « liberté » sarcastique, cent ans après 1789.

Parallèlement à ces deux « lois », la création des écoles normales et des lycées de filles, sur le plan de l'impiété *laïque* et n'ayant

1. Loi sur l'Enseignement primaire, du 28 mars 1882.
2. Loi sur l'Enseignement primaire, du 30 octobre 1886. Art. 12.
3. *Id.* Art. 38.
4. *Id.* Art. 19.

d'autre but que d'activer la propagande *légale* de l'athéisme, arrachait aux occupations utiles des milliers de jeunes filles bientôt dévoyées par ce prosélytisme sectaire, en jetait quinze mille dans la vaine attente d'un poste fuyant comme un mirage devant elles, en précipitait un bon nombre au suicide et un nombre beaucoup trop grand à la totale perdition de mœurs. Mais, pour le Maçonnisme qui s'en fait gloire, la ruine des mœurs est un succès.

Le gouffre béant du déficit qu'il a creusé, avec un cynisme qui mérite de voir cette farce de malfaiteurs au plus honteux pilori de l'histoire, ce gouffre qu'il n'a point à combler, n'est pas chose, non plus, à l'arrêter un seul instant. Sur plus de sept milliards de dettes, — c'est-à-dire beaucoup plus que la rançon prussienne, — que le Banditisme maçonnique a fait faire à la France, le *laïcisme obligatoire* compte déjà pour douze cents millions de dépenses encore plus immorales qu'ineptes ; et il en demande cinq cents millions de plus à jeter à ce vertige d'iniquité.

Acheter le triomphe au prix d'un criminel arbitraire, de lâches vexations, de spoliations privées et publiques, d'une orgie de duplicité, de finance et de despotisme tenant à la fois du suprême ridicule et de l'infamie; l'acheter au prix de l'immoralité dans un peuple et de la décadence de la patrie, pour le Maçonnisme, ce n'est rien.

D'ailleurs, l'équité oblige à dire que le Maçonnisme judaïque a trouvé, pour ce meurtre des âmes, qui est l'enseignement impie, un auxiliaire, un exécuteur puissant dans l'*Université* d'Etat. L'Université, cette création du despotisme impérial n'avait cessé depuis son origine d'être, dans son ensemble, un instrument de désorganisation morale, une pépinière active pour le Maçonnisme révolutionnaire. Sans doute une exception vaillante a, dans cette institution même, protesté contre l'entraînement fatal qui la sollicitait; et les Gaillardin, les Ozanam, les Wallon, les Heinrichs, les Jourdain, les Fr. Bouillier, les Nourrisson, les Privat-Deschanel, les Jules Simon, les Taine et les Vacherot de cette heure, et d'autres avec eux, ont été l'éloquente voix de cette exception minime contre l'aveuglement universitaire, au point de vue religieux et social et contre son rôle dissolvant. Mais, dans ces dernières excitations du Maçonnisme pour créer l'impiété légale par l'Enseignement, le honteux servilisme chez les uns, l'ardente complicité chez les autres, pour cette œuvre de ruine d'un pays, ont dépassé tout ce que l'on pouvait craindre d'un corps aussi hétérogène, aussi mal affermi doctrinalement que l'est cette Université. Elle est devenue, plus que jamais, un réceptacle hideusement propagateur du dévergondage maçonnique. Le spectacle écœurant qu'elle a donné est, aux yeux de l'honnêteté et du patriotisme, simplement sa condamnation pour un avenir non loin de nous.

On le voit donc, le génie du Maçonnisme est l'absorption des forces sociales au profit de l'impiété subversive, du triomphe athée de la Révolution. Le Maçonnisme n'a point de patrie, ou plutôt il a celle de l'idéologie dans la haine, de la révolte contre Dieu et le Christ. Une demi-frénésie satanique est son guide, dès qu'il s'agit des réalités supérieures et du monde divin. Dans ce fauve délire, imperturbablement dissimulé sous une froide apparence extérieure, il a tout déserté, tout trahi : Dieu, l'Église, la nation, la justice et la vérité.

C'est lui qui, d'une part, a contribué puissamment à l'extension du Voltairianisme, et, de l'autre, a poussé aux plus hideuses destructions et a été, surtout par les Loges *solidaires*, ainsi que nous l'avons montré[1], le milieu préparateur de la *Commune* de Paris.

C'est lui qui a dicté ce programme qui est absolument le sien : « Tout, pour l'affilié, se résume dans un intérêt unique et exclusif, dans une pensée unique, dans une passion unique : la Révolution. — Pour lui, ce qui est moral, c'est ce qui convient au triomphe de la Révolution ; ce qui est immoral et criminel, c'est tout ce qui lui fait obstacle. — Partout et toujours, il doit être, non ce à quoi le portent ses sentiments, mais ce que lui ordonne d'être l'intérêt de la Révolution[2] ».

Tout ce qui est perfidie d'illusion, leurre d'impiété, appât insinuant pour le sens grossier, naturaliste, astuce à propager l'apostasie, la Conjuration maçonnique l'a calculé, l'a organisé à tous les degrés, depuis les Cercles, les affiliations où il s'agit *ostensiblement* d'art, de pédagogie, de gymnastique, de bienfaisance, jusqu'aux lieux d'évocations infernales, jusqu'aux Loges italiennes, invocatrices de Satan, jusqu'à ces Loges des Deux-Siciles qui, avec un fanatisme homicide, répandent et envoient au loin leurs poisons.

Devant cela, on est stupéfait de la connivence qu'ont eue et qu'ont les gouvernements de notre époque pour cette secte vipérine ; ce fait, on ne se l'expliquerait point, si l'on ne savait que le Maçonnisme, comme nous le disions il y a un quart de siècle, s'est assis au

---

1. *La Commune de Paris.* Paris, 1871.
2. Pièces du dossier Netchaiew.

milieu de tous les Pouvoirs publics de notre semi-mondanité et qu'il les a dirigés le plus souvent. C'est ce qu'il a fait notamment pour le second Empire, dont *tous* les actes principaux, y compris le coup d'État de Décembre, ont eu lieu sous l'inspiration de l'un des éléments du Maçonnisme. Et c'est un bon nombre de ces faits que des catholiques, des journaux religieux, dirigeant l'opinion, acclamaient avec la présomptueuse inclairvoyance qui caractérise notre temps.

Avec ce but et cette pensée dominante, la préoccupation souveraine de la Maçonnerie a été d'entrer dans tous les courants d'idées de l'époque, politiques, économiques et littéraires, pour infuser là l'esprit de Satan. Elle a fait là exactement la contre-partie de ce que demande l'Église, et, — ce qu'il y a de plus lamentable,— à beaucoup d'égards, elle y a réussi.

Ainsi, le Maçonnisme, en trouvant devant lui, dans la période contemporaine, les trois principales tendances politiques, césarienne, doctrinaire et versatile ou prudhommesque, — tendances aussi vieilles que l'humanité et que l'on constate, sous d'autres noms[1], à toutes les époques de l'histoire, — a eu assez d'intensité sectaire pour les pénétrer de son esprit, les imprégner de sa pensée, les assouplir à ses mots d'ordre et les faire concourir à son but. Son action a fait, on peut le dire, d'une manière voulue ou inconsciente, — non assurément dans ce qui en fait le fond, mais dans ce qui est leur forme extérieure et leurs nuances diverses, — le libéralisme et « la libre pensée » de ce temps, ou la semi-libre pensée moderne.

Cette influence a envahi les Gouvernements, les Oppositions, la Presse, les Académies, le journalisme politique, économique ou littéraire, presque dans sa totalité.

Cette action du Maçonnisme a pénétré profondément — faut-il le dire ? même le journalisme *conservateur*. Cette influence

---

1. Ainsi, ceux qui se sont rattachés, dans notre pays, au deuxième de ces éléments de la politique mondaine, — sans aller plus loin que la politique d'Henri III, — ont, depuis lors jusqu'à maintenant, été appelés : les Politiques (semi-protestants), du temps de Henri III et de Henri IV ; les Parlementaires ; les Anti-Jésuites, de 1760 ; les Feuillants, de 1790 ; les Doctrinaires, de 1825 ; les Juste-milieu, de 1840 ; les Universitaires ; les Libéraux ; les Modérés ; les Orléanistes : tout autant d'adeptes d'idées politiques ou sociales, plus ou moins décevantes dans leur ensemble, où bien des erreurs capitales ont été et sont mêlées à certaines vérités secondaires.

Toutes les renommées, toutes les bruyantes complicités du despotisme révolutionnaire qui, en France, s'est appelé « républicain », ont appartenu à l'élément Césarien qui, depuis des siècles, a souvent eu un rôle aussi puissant que funeste dans presque tout notre monde Occidental.

néfaste explique plus que tout comment il se fait que le journalisme *conservateur* ait le voile étrange qu'il a sur les yeux. Voyez sa ligne de conduite : le parti avant l'Église, le parti avant la justice, le parti avant Dieu! Non pas le zèle, ni le noble élan, ni la loyauté généreuse, ni la fraternité! *La tactique avant tout.* Et quelle tactique? Celle qui transforme l'honneur et le devoir en affaire de gain, celle qui fait une poussière d'un peuple! Les événements ont beau se succéder, en entassant les ruines qui sont les résultats d'une « habileté » sacrifiant à des intérêts vils l'équité, la droiture et le sens moral d'une nation; l'insuffisance des idées et des hommes, et surtout des principes faux en qui ce journalisme a cru, a beau éclater de toute part; il est à sa double *idée fixe,* il n'en sort pas : Faire, des idées, de la politique, de la littérature, de la gloriole, du succès, une question de profit égoïste et matériel, et, pour cela, faire réussir le parti avant tout!

Les trois grands courants politiques que nous venons d'indiquer, courants du semi-paganisme moderne, aussi défectueux, aussi aveugles l'un que l'autre, qui, en France et à peu près dans tout l'Occident, distribuent à cette heure les réputations et le succès; ces courants, césarien, doctrinaire et versatile, principalement les deux premiers et surtout le second, y ont aussi dominé, pénétré presque entièrement la presse « conservatrice » et même, du moins sous bien des rapports, sauf une petite exception [1], la presse « religieuse ». Les individualités généreuses qui cherchent à lutter contre ces tendances ont à compter avec des forces aveugles, qui servent à merveille les visées subversives du Maçonnisme et qui font les mécomptes et les périls de ce temps.

Qu'est-ce d'ailleurs qui fait converger, d'une manière si générale, le journalisme *conservateur* vers ces courants d'idées tout à fait impuissants à amener la vraie rénovation des peuples? C'est son indigence de foi vivante et son manque absolu de fraternité, sa participation à une léthargie profonde qu'il faut changer en fervent réveil.

En attendant, le Maçonnisme, par son action impie sur l'en-

---

1. Parmi les journaux quotidiens, *la Croix* et *la Liberté de Fribourg* sont au premier rang du très petit nombre qui entrent réellement et de plus en plus dans les pensées de la Rénovation, et qui osent déjà préconiser une notable partie du programme de l'œuvre nouvelle à accomplir. Nous leur souhaitons d'aller de l'avant dans ce noble chemin et d'entraîner un bon nombre d'hésitants et de pusillanimes vers la Croisade qui appelle. Entre tous les autres périodiques, les *Annales de saint Paul* et les *Annales catholiques* se distinguent éminemment par leur zèle pour la Renaissance chrétienne.

semble de la vie des peuples, et spécialement par sa délétère influence sur l'Enseignement public, sur le journalisme, sur les masses ouvrières, sur la jeunesse; venant, par tous ces moyens puissants, compléter l'œuvre dissolvante opérée par le mercantilisme sans principes qui lui sert d'instrument et seconder l'œuvre du Jacobinisme au Pouvoir, devenu une de ses forces de destruction, fait de l'affaiblissement des âmes une trahison des plus hautes vérités. Il abaisse ainsi partout où il sévit le niveau intellectuel et moral. Il tend à rendre bientôt méconnaissable le caractère d'une nation soumise à l'assaut d'une conspiration néfaste poussant — comme le signalait, il y a longtemps, la suprême autorité de l'Église [1] — aux dernières défections de l'honneur et à l'apostasie de toute une époque.

Devant ces faits qui constituent la plus dangereuse et la plus basse des tyrannies; devant ces actes innombrables, — audace, déloyauté, impudeur, — il est temps, pour les âmes libres, de se rappeler les héroïques exaltations, les énergies ferventes, les labeurs qui, dans notre pays, ont appelé la Rénovation; il est temps pour nous, pour ceux qui ont encore quelque souci de la foi, de la dignité de la France, de faire, avec tous les grands cœurs, avec toutes les fermetés debout, la Croisade de salut de l'époque qui vient.

Entre autres moyens à opposer à une invasion de ravageurs, bien plus redoutables pour les peuples que ne l'ont été les Barbares, un des principaux à organiser, c'est le journalisme de la Croisade. En Europe, il est à créer; ce sera le journalisme vaillant de la période qui commence. Il différera extrêmement d'un journalisme « conservateur », sans sûreté de vues, sans fermeté de doctrine, sans clairvoyance, sans élan fraternel, — dont la règle de conduite invariable, sinon toujours en théorie, du moins en fait, est que les

---

1. Depuis que l'invasion du Maçonnisme a commencé le plus activement à se répandre, c'est-à-dire depuis cent cinquante ans, la Papauté, le seul de tous les Pouvoirs publics qui ait, dans son enseignement, une assistance divine indéfectible et suréminente, est le seul aussi qui ait parfaitement jugé l'esprit et les visées de cette audacieuse conjuration, et qui ait sérieusement mis en garde contre les dangers religieux et sociaux que la Secte portait dans ses flancs.

Dix fois et plus, depuis lors jusqu'à nos jours, l'Église romaine a montré ces imminents périls, par la voix de Clément XII, en 1738; de Benoît XIV, en 1751; de Pie VII, en 1821; de Léon XII, en 1825; de Pie VIII, en 1829; de Grégoire XVI, en 1832; de Pie IX, en plusieurs circonstances, et surtout en 1846 et en 1865; et enfin par Léon XIII, dans son admirable et pressante Encyclique du 20 avril 1884, sur la Franc-Maçonnerie.

intérêts de parti priment tout, la justice et la cause de Dieu : tactique qui, si elle devait rester prédominante, comme elle l'est depuis longtemps ici, amènerait une décadence irrémédiable et le navrant spectacle d'une société finissant comme a fini le monde byzantin.

A l'*idée fixe* si étroite des partis et de leurs organes, il faut absolument et au plus tôt substituer, dans le journalisme et dans toute l'action militante, l'*idée fixe*, juste et féconde, qui réclame la Croisade moderne. Il faut entrer fortement et résolument dans cette voie de l'initiative croyante et rationnelle, pour voir cesser enfin les hontes et les redoutables dépravations de l'Ère maçonnique.

IX

LA RÉPUBLIQUE DE L'ÉQUATEUR.

Le Maçonnisme a, dans une époque toute récente, pour ne pas remonter plus haut, accumulé, comme il le fait ici, ses odieux méfaits dans l'État de l'Équateur. Après la glorieuse initiative de Garcia Moreno, président de cette République, faisant décréter en 1873, par les Chambres législatives, la consécration officielle de cet Etat au Cœur de Jésus; après l'assassinat de ce chrétien magnanime, le 6 août 1875, et celui de Mgr Checa, archevêque de Quito, l'un et l'autre victimes des sicaires de la secte, la perfidie et la violence maçonniques étaient parvenues là à s'emparer du Pouvoir. Mais, comme l'a dit un orateur éminent, un généreux patriote, « après cette désolation qui étouffait dans les cœurs jusqu'à l'espérance », « la République de l'Équateur s'est arrachée au bourbier de la Maçonnerie », et son premier soin a été alors d'attester, par l'érection d'un monument national au Cœur de Jésus, « la reconnaissance de la République au plus grand et au plus sublime de ses Libérateurs [1] ».

Le Gouvernement provisoire de l'Équateur [2] décréta, le 26 juillet

1. Discours prononcé par M. Louis Cordero, membre du Gouvernement provisoire, le 3 octobre 1883, à la bénédiction de l'emplacement où ce monument religieux devait être élevé.

2. Composé de MM. A. Guerrero, L. Cordero, P. Pareja, P. Herrera et M. Espinosa.

1883, « la construction d'une Basilique dédiée au Sacré-Cœur de Jésus, à qui précédemment la République s'est consacrée ». L'Assemblée nationale de cet État approuva cette décision, le 29 février 1884; et ce nouveau décret fut promulgué par le président de la République, le 5 mars suivant. Les considérants de ce décret-loi, qui fait autant d'honneur à la nation Équatorienne que celui de 1873, portent que c'est « pour rendre des actions de grâces au Tout-Puissant pour les bienfaits qu'il a accordés à la nation, surtout ces derniers temps, que doit s'élever un monument national qui atteste cette consécration solennelle et assure à l'État de l'Équateur les célestes bénédictions ».

Dans les débats de l'Assemblée nationale qui précédèrent ce décret, les députés MM. Freire, Matovelle, Cordero, Enriquez, appuyèrent par de chaleureux discours le projet combattu par le néfaste Alfaro, le grand appui de l'impiété maçonnique et de l'esprit subversif dans ce pays.

Une nouvelle consécration nationale au Cœur de Jésus, beaucoup plus imposante que la première, suivit cet acte législatif. Toute la République fut représentée là par le gouvernement et la grande majorité de l'Assemblée, dont les membres dirent un acte de consécration, conjointement avec le célébrant de cette grande cérémonie religieuse, l'illustre Andrade, maintenant évêque de Riobamba, que l'on a pu nommer l'Athanase de l'Équateur. De toutes les parties du territoire Équatorien arrivèrent des adhésions ardentes à la grande manifestation qui venait d'avoir lieu à Quito; et, parmi elles, nous devons mentionner celle de la *Junte directrice* de Cuença, souhaitant que ce splendide témoignage de foi « fût imité un jour par tous les gouvernements ».

Sans doute, si ces glorieux préliminaires de la politique de Rénovation ont pû ainsi apparaître en des jours où le naturalisme maçonnique a pénétré partout, c'est qu'il y a, dans le peuple qui vient de donner cet exemple, un esprit religieux exceptionnel. Cela seul explique les démonstrations enthousiastes qui, depuis 1873 et surtout depuis le suprême élan de 1883, se sont succédé, à ce sujet, dans cette contrée. Mais une très grande part de mérite et d'honneur n'en revient pas moins aux hommes d'État qui ont été là, dans leurs sentiments et dans leurs actes, en si noble harmonie avec ces appels de sublime idéal et ont contribué à accroître, autour d'eux, l'essor des cœurs vers le Dieu qui est la vie des nations.

Deux autres manifestations puissantes de la pensée chrétienne viennent de se produire dans cet Etat.

L'une est un témoignage public d'adhésion aux docrines, à la fois religieuses et sociales, si élevées et si salutaires, de l'Encyclique *Immortale Dei*, du 1er novembre 1885, adhésion formulée dans une lettre à S. S. Léon XIII, et qui a pris là les proportions d'un mouvement national. Toutes les autorités constituées, le plus grand nombre des membres du Sénat et de la Chambre des députés, les directeurs de l'administration, avec une multitude issue de tous les rangs de la société équatorienne, ont à l'envi signé cette Adresse, revêtue d'un caractère officiel, comme une magnifique attestation de leur sollicitude pour les intérêts supérieurs des âmes et des peuples; et cela, à une épogue où ailleurs se gorgent les indignes politiciens, rampent le cupide mercantilisme et l'indifférentisme jouisseur.

L'autre est la célébration nationale, qui a eu lieu le 21 juin dernier à Quito et dans tout l'État de l'Équateur, du deuxième centenaire du culte public du Sacré Cœur de Jésus. Un décret avait fixé cette fête « de solennelles actions de grâces au Cœur de Jésus », « attendu que la République lui est consacrée et qu'elle l'a déclaré Patron et Protecteur ». L'enthousiasme général que cette célébration a soulevé est indescriptible. Dans une cérémonie des plus grandioses, toutes les classes, toutes les catégories de fonctions sociales se sont, par un nouvel hommage, consacrées au Verbe sauveur. Successivement, dans un ensemble éloquent, unique peut-être, les évêques, le Président de la République, les ministres, les divers membres du clergé, les chefs des grandes administrations, les fonctionnaires de tous rangs, les magistrats, les officiers supérieurs de l'armée, les représentants de la Presse, la jeunesse des Ecoles, les délégués des Associations ouvrières, les pères et les mères de famille, les confréries religieuses, les jeunes gens et les jeunes filles ont paru dans ce défilé émouvant, dans ce magnifique spectacle de tout ce qui constitue un peuple *prodige* au temps où nous sommes et un État admirablement chrétien.

Des Congrès, réunissant la partie la plus zélée de la nation, ont émis les vœux les plus généreusement prosélytiques; des discours, d'une remarquable éloquence et d'un sublime élan de foi, ont été prononcés dans ces fêtes, notamment par MM. Honoré Vasquez, Matovelle, Aurelio Espinosa, le P. Proano, Manuel Polit, Léon Mera. A quoi l'Etat de l'Équateur doit-il donc cet élan grandiose ? L'éminent archevêque de Quito, Mgr Ordonez, l'a dit alors dans un profond et pathétique discours : « Ce peuple le doit à l'unité de ses croyances, à son amour de la justice et à la vivacité de sa foi. »

Et le zèle pour les intérêts publics, la noblesse et la fermeté des convictions politiques, loin d'être diminués dans ce peuple par son ardeur croyante, n'y sont devenus, grâce à elle, que plus forts, plus intelligents et plus purs. Une création toute récente, dirigée surtout contre l'invasion du Maçonnisme et du prosélytisme révolutionnaire', *la Société catholique-républicaine* qui embrasse dans son action les diverses parties du territoire et qui est présidée par un grand cœur, M. Paul Herrera, est là pour témoigner de la ferveur patriotique que déploient là de vaillantes âmes pour la diffusion des justes idées rénovatrices et pour la défense des principes sur lesquels repose l'ordre social.

Certes, ce n'est pas avec des convictions si élevées, avec des sentiments si généreux et si vrais, loin de toute vaine idéologie, que les intérêts secondaires mais justes de toute civilisation, — ces intérêts Économiques et administratifs dans lesquels, par une aberration déplorable, se renferme si étroitement toute la pensée politique Européenne, — sont oubliés ou méservis dans l'Équateur : ils sont là, au contraire, plus justement compris et mieux sauvegardés, selon leur degré d'importance réelle, qu'ils ne le sont assurément dans nos anormales centralisations, où tout est à la merci de la plus périlleuse instabilité, parce que presque tout l'édifice social y repose sur le sable mouvant des passions et des intérêts désordonnés.

Aussi, aux yeux même de ceux qui n'attachent pas une importance exagérée aux questions de forme de gouvernement, l'exemple que l'État de l'Équateur donne à l'Occident est plus qu'un petit symptôme en faveur de la forme politique qui est la sienne, comme devant être probablement — non, il est vrai, la République, impuissante pour le bien, de l'ultra-parlementarisme ou l'orgie du Jacobinisme, — le régime qui, plus que tout autre, est appelé à prédominer dans le monde moderne.

Tandis que, de nos jours, toutes les monarchies, tous les Empires, — avec un bon nombre d'États idéologiquement républicains, — en France, en Autriche, en Espagne, en Portugal, en Italie, en Angleterre, en Belgique, en Bavière, en Prusse et dans toute l'Allemagne, en Suède, en Russie, au Brésil, sont entièrement ou à demi dominés, conquis par le Maçonnisme judaïque, voilà une République qui, seul État au monde avec la petite République de Fribourg, a osé vouloir et a pu s'affranchir de cette formidable étreinte, a su arborer le drapeau du Christ, comme aucun gouvernement en Europe ne l'a fait, avec cette énergie, depuis six siècles! Il y a dans ce fait de quoi donner à réfléchir aux esprits les plus prévenus; et, pour nos hommes de partis, tenant absolument, en dépit des réalités contemporaines, à donner à leur régime préféré, — Empire ou monarchie constitutionnelle, — le monopole de la conservation sociale, il y a de quoi les engager à faire, comme ils l'ont faite imperturbablement, la conspiration du silence devant l'exemple glorieux que donne ce peuple, exemple qui devrait être mille fois redit par tout ce qui a de la foi, par tout ce qui a de l'âme. En cela encore, comme en tout, la *tactique* et ses mots d'ordre ont passé avant la vérité.

Pour nous, nos pensées constantes n'auraient-elles pas été en harmonie avec les vues qui sont celles de l'Équateur, que nous regarderions comme un devoir de mettre en lumière cet ensemble de faits, en parlant de la Croisade moderne et de la Rénovation. Mais il nous est néanmoins peut-être permis de dire, — ne serait-ce que pour mieux motiver notre profonde sympathie pour ces défenseurs de la Croix, — que l'État de l'Équateur réalise, dans sa mission initiatrice, ce que nous avons écrit depuis vingt-cinq ans sur les devoirs qu'ont à remplir les gouvernements, l'opinion publique et l'élément conservateur, pour finir la période de la Révolution maçonnique et ouvrir l'ère de la Rénovation.

Il le réalise par l'action sociale vraiment grandiose de son épiscopat; par la fermeté et l'intelligence de son Pouvoir civil, comprenant et appliquant les institutions républicaines dans l'union de foi et d'amour avec le Dieu sauveur et avec son Vicaire, le Souverain Pontife; par le mouvement général de l'opinion qu'inspirent et l'esprit religieux et les actes gouvernementaux et l'influence de groupes vaillants tels que la *Société catholique-républicaine;* par la propagande de la jeunesse, que des hommes tels que MM. Matovelle et Manuel Polit guident si noblement; par la presse religieuse, philosophique et sociale, que la Revue *la République du Sacré-Cœur* de Jésus représente là avec une supériorité de zèle et d'intelligence où les meilleures Revues d'Europe s'élèvent rarement; par la presse politique chrétienne, ayant des organes aussi judicieusement prosélytiques que *l'Ami du peuple*, *l'Avenir de Quito*, *le Courrier* et *le Progrès* de Cuença, et par une littérature aussi croyante que patriotique, telle que la représentent et l'honorent des penseurs animés du vrai souffle esthétique, comme MM. Léon Mera, Matovelle, Herrera, Rémy Crespo, Q. Sanchez, Proano, Camille Ponce et Raymond Calvo.

Cet État met en acte ce que nous avons demandé depuis longtemps de diverses manières, notamment par ces mots :

« Ce qu'il y a à faire pour les hommes de vérité, devant ce fait, la Révolution, c'est de voir tout ce qu'il y a de naturel dans les aspirations démocratiques de notre temps ; de montrer que ce naturel ne peut avoir force et vie suffisantes, dans ses réalisations, que *par sa connexion absolue avec le surnaturel vivifiant,* et que cette démocratie nouvelle, qui a irrévocablement conquis la position où elle doit s'asseoir, ne peut espérer de se constituer normalement et d'avoir son développement régulier qu'*en se pénétrant tout à fait de l'esprit de l'Église et en faisant de ce souffle son animation* [1] ».

« S'il y a une *erreur capitale en politique*, c'est d'*y faire consister l'idéal* dans la chétivité rationaliste qu'implique l'*exclusion du surnaturel des choses publiques.* Et s'il y a une erreur contre laquelle nous ayons à cœur de prémunir les âmes et que nous devons combattre persévéramment, c'est bien celle-là qui est en contradiction flagrante avec l'Écriture, avec l'enseignement de l'Église, avec la vie des sociétés. — Mais la vérité théorique et pratique à cet égard, cette réalité, *l'État vivant spontanément et librement de l'esprit dans lequel la raison et la foi sont unies,* ne peut résulter que d'une vie chrétienne, non pas superficielle mais très profonde, non pas exceptionnelle, mais générale dans les membres de l'État. Elle ne peut venir que d'une sorte d'unanimité, volontaire, réfléchie, dans cette conviction si juste : que toutes les choses humaines, tant la vie politique que la vie privée, *ne peuvent être suffisamment dans le vrai qu'en se pénétrant le plus possible de l'élément surnaturel;* qu'en coordonnant intimement l'ordre inférieur à l'ordre supérieur; qu'en montrant cette pénétration et cette coordination exprimées volontairement, affectivement, dans les institutions politiques [2]. »

C'est cette prédominance des convictions vraies, c'est cette coordination majestueuse que montre en ce moment la République de l'Équateur.

Aussi bien, tout Gouvernement de fait étant une résultante entre des forces qui divergent et une transaction entre des intérêts qui se combattent, lorsque, sous l'action de la « libre pensée », ces forces sont devenues absolument opposées, comme elles le sont maintenant en Europe, on n'a et l'on ne peut avoir que des gouvernements d'aventure où tout repose sur des expédients. Lorsque, au contraire,

---

1. *La Pologne chrétienne et nouvelle,* 1re partie, III, 3.
2. *Id.* 2e partie, V, 4, pp. 275 et 276. Paris, 1864.

ces forces, mues par l'unité de foi que doit ramener la Croisade moderne, sont plus ou moins harmoniquement convergentes, comme elles le sont dans l'Équateur, on peut alors avoir un Gouvernement bien plus rapproché de la stabilité dans la justice et dans la vérité.

Dans cette disposition de pensées, beaucoup plus voisine que tant d'autres de ce qui peut produire et assurer l'ordre social, la République de l'Équateur met en acte ce que nous demandions pour l'Association et pour tout l'ordre politique et Économique, quand nous disions :

« Si notre Europe veut avoir les vraies grandeurs de l'Association, — comme des justes conceptions politiques, — elle n'a pour cela que deux moyens principaux, dont l'un sera l'effet de l'autre.

« Il faut qu'*elle arrive à la foi vivante* et qu'elle développe ainsi harmoniquement l'ordre des choses rationnelles en s'inspirant de l'esprit de foi. Il faut qu'elle en finisse avec les fausses démocraties, démagogiques ou césariennes, *avec les perversions déplorables de la démocratie* [1]. »

Cet État tend à exprimer, dans un vaillant effort et par un exemple magnanime, ce que nous regardions comme la caractéristique de l'époque à venir, lorsque nous écrivions :

« Ce qui constituera la vie de la Rénovation, ce sont ces deux réalités sublimes que la Révolution ignore, qu'elle a manquées et manquera toujours : l'amour divin et l'amour fraternel. — Avec cette vie, la politique intérieure ne sera point celle des centralisations étouffantes : ce sera celle de l'unité, mais non de l'unité factice que le gouvernementalisme produit. — Avec cette vie, le monde Économique ne sera plus l'écrasement d'énergies moindres par de plus grandes ; ce ne sera plus la lutte des intérêts exclusifs, où le plus faible est renversé par le plus puissant : ce sera l'équilibre des forces, la rivalité des dévouements chrétiens, où bien des antagonismes se fondront dans une harmonie relative, pacification d'intérêts hostiles dans la sereine et pure fraternité.

« La Rénovation sera cette grandeur, parce qu'elle sera un monde social de plus d'union de l'homme avec Dieu ; parce que l'adhésion des volontés à l'Église, au Vicaire du Christ, chef de cette Église, y sera attachement au Verbe qui est toute vérité et toute vie ;

1. L'*Association coopérative*, I. Discours à Privas, du 27 mars 1868. Paris, 1869.

parce qu'on n'y cherchera point la liberté, la science, le progrès, dans une course orgueilleuse et perdue en dehors de l'ordre divin[1]. »

Que les chrétiens éminents de l'Équateur, que ses hommes d'État, si généreusement inspirés par leur amour du Christ, de l'Église et de la justice, nous laissent donc leur exprimer, devant l'Europe, notre profonde sympathie pour leur œuvre, bien moins assurément parce qu'ils font une réalité de ce qui a été au fond de tous nos appels, que parce qu'ils sont les premiers, dans notre temps, à traduire en un fait splendide ce qui est le but social de la Croisade moderne, le programme libérateur que la Rénovation saura accomplir[2].

X

LE PROGRÈS VERS LA RÉNOVATION

Les glorieux pontificats de Pie IX et de Léon XIII ont été, depuis quarante ans, un appel à la Croisade des intelligences et des cœurs contre le naturalisme païen ou semi-païen et une prépara-

1. *L'Ancien Régime, la Révolution et la Rénovation*, III, Paris, 1871.

2. La République de l'Équateur n'est pas le seul État d'Amérique dans lequel les idées de la Rénovation et de la politique chrétienne sont propagées avec zèle et ne tarderont probablement pas à prévaloir.

Ces idées font, chaque jour, du progrès en d'autres parties de l'Amérique du Sud. Elles en font notamment dans les Républiques de Vénézuela et de la Confédération Grenadine, grâce à l'action intelligente de l'Épiscopat et d'organes comme les *Annales religieuses de Colombie*.

Elles en font surtout dans la République du Chili, où l'exemple donné par l'Équateur a excité un profond enthousiasme. La réception qui vient d'être faite dans cet État à Mgr Gonzalez, évêque d'Ibarra, — l'éminent orateur qui, en juillet dernier, a prononcé à Quito un éloquent panégyrique du Sacré Cœur de Jésus, et qui était chargé d'une mission au Chili, — a révélé les sympathies ferventes que les pensées rénovatrices ont dans un peuple qui a accueilli avec cet élan le digne envoyé de l'Équateur. Partout, — a dit un journal du Chili, — « on a salué en lui la noble et catholique République qui a donné au monde l'exemple de la foi ardente et généreuse ».

Parmi les éléments les plus actifs du prosélytisme croyant au Chili, nous aimons à signaler *l'Union catholique* au Chili et son vaillant président, M. A. M. Cifuentes, le Cercle catholique de Santiago, et deux journaux tout dévoués à l'Église et comprenant le devoir du mouvement social moderne, *l'Étendard catholique*, de Santiago, et *l'Union*, de Valparaiso.

tion, indirecte mais puissante, à la Croisade de l'Occident contre les résultats désastreux de cette erreur dont la conjuration Maçonnique infecte le monde moderne et qu'elle cherche à faire triompher. Ils ont été la continuation radieuse de ce qui avait illustré, à cet égard, les précédents Pontificats, surtout depuis deux siècles, continuation marquée, semble-t-il, de ce degré d'énergie particulière que les temps nouveaux apportent à la diffusion de la vérité, comme ils en apportent, d'un autre côté, à la propagande du mal.

Ces deux Pontificats et les événements extérieurs qu'ils ont vus s'accomplir ont été, pour les cœurs généreux, une sublime excitation à l'œuvre croyante et rénovatrice. Et ce n'est pas un petit nombre, ce sont des légions qui, dans un passé récent et de nos jours, ont été les préparateurs de la Rénovation. Tous ceux-là, quels sont-ils? Ce sont ceux en qui a prédominé l'esprit de foi vivante, ceux qui, au milieu des préoccupations secondaires, intellectuelles ou matérielles, ont donné leurs ardeurs, leurs efforts, surtout à la défense des intérêts supérieurs des âmes et des peuples, ont eu l'amour, la passion souveraine de la cause de Dieu.

Pour les plus magnanimes d'entre ceux-là, la politique, la science, la littérature, les affaires, les soins de chaque jour, n'ont pas été la pensée principale de leur vie. Ils n'ont pas préféré avant tout les biens matériels ou la gloire humaine : ils ont voulu d'abord le règne du Christ. Ce sont ceux-là qui ont été directement les appuis de la renaissance catholique, les auxiliaires du progrès vers la Rénovation.

C'est donc surtout dans la hiérarchie ecclésiastique et dans les Ordres religieux ou ce qui s'en rapproche, milieux les plus favorisés du monde de la foi, que se sont trouvés en plus grand nombre, et le plus souvent aussi avec une énergie supérieure, de nos jours comme avant, les cœurs dévoués à la justice, les militants de l'œuvre du Christ. Et là, les plus humbles, les plus inconnus, ont fréquemment sans doute été parmi ceux qui apportaient à ce valeureux combat le plus de cet esprit surnaturel qui fait les dévouements, les grands héroïsmes, et qui, un jour plus ou moins éloigné, amène les triomphes selon Dieu.

Mais, dans la société séculière, les défenseurs de la cause catholique n'ont pas été peu nombreux, non plus. Ils sont sortis de tous les rangs, des plus modestes et des plus élevés; et, plus d'une fois, le désir du triomphe de l'Église et de la vérité n'a pas été moins fervent dans la maison champêtre ou dans l'atelier, que dans des régions supérieures qui pouvaient aspirer seulement, et encore pas toujours, à plus d'étendue dans leur prosélytisme pour le bien. Les mères et les jeunes filles, en des jours livrés à tant de sollicitudes frivoles, ont bien souvent rivalisé, dans ces fiers appels, avec les plus virils élans; et probablement même, dans cette lutte d'aspirations généreuses, c'est à celles-là, sous le rapport du nombre, que, devant Dieu, la palme est restée.

D'ailleurs, notre époque, avec ses mécomptes, ses dures épreuves, ses brisements, sert plus activement qu'aucune autre des temps modernes le progrès des idées et des faits dans leur tendance vers la Rénovation. Plus que ne l'ont fait bien des jours qui l'ont précédée, elle pose et affermit l'œuvre croyante au-dessus des faux espoirs humains; elle dégage la défense de la vérité religieuse et sociale, des chétives intrigues de parti; les vains alliages diminuent de puissance; les compromissions de la pensée chrétienne avec les habiletés de l'égoïsme, avec les calculs de l'ambition, perdent de l'influence qu'elles ont eue, de l'entraînement qu'elles ont exercé, au détriment de la prédominance des vérités supérieures dans l'intelligence et dans la vie humaine, de l'énergie et de la droiture que demande l'action pour Dieu. Et les infatuations d'école, l'étroit engouement des coteries, qui ont enfiellé tant de polémiques, qui ont fait tant d'admirations stériles, tant d'aversions non justifiées, en voyant leur misérable bruit dominé par des voix de tempêtes, permettent d'attendre le réveil de l'esprit de fraternité ardente, aussi nécessaire que l'esprit de foi pour servir les grandes œuvres et pour préparer une Ère d'admirable splendeur.

Espérons donc en elle. Et en contemplant le chemin que les idées vraiment rénovatrices ont fait dans notre société contemporaine; en voyant combien, dans les nobles esprits, elles ont supplanté toutes les autres, combien toute demi-vérité devant elles paraît de plus en plus indigence, combien toute combinaison hors d'elles révèle bientôt son illusion, son inanité, disons-nous que l'avenir, un prochain avenir, est à elles; soyons sûrs que leur triomphe vient.

Lorsqu'un demi-siècle, — celui-là même où ces grandes idées ont surtout passé, — a montré, dans la suprême Autorité religieuse, des Souverains Pontifes comme Pie IX et Léon XIII; dans l'Episcopat enseignant, des docteurs tels que les Dechamps, les Doney, les Pie et les Manning; dans l'Episcopat militant, des évêques comme les Parisis, les Guibert, les Hassun, les Baudry, les Landriot, les Plantier, les Dupanloup, les Besson, les Mermillod, les Ordonez, les Andrade, les La Bouillerie, les Langénieux, les Gibbons, les Lavigerie, les Vanutelli, les Foulon, les Place, les Ginoulhiac, les Guilbert, les Rotelli; dans l'Episcopat martyr, des victimes comme les Affre, les

Felinski, les Krasinski, les Macedo; dans la chaire ou ailleurs, des orateurs catholiques et ardents, tels que les Ventura, les Lacordaire, les Berthaud, les Chantôme, les Montalembert, les Perreyve, les Perraud, les Monsabré, les Cordero; dans les Ordres religieux, des moines comme les dom Guéranger, les Ravignan, les dom Bosco, les Newman, les Faber, les Ramière, les Chevalier, les Ballerini; dans le plus humble clergé, des saints tels que l'abbé Vianney, ou des cœurs d'absolu dévouement, comme l'abbé Chiron, comme l'abbé Tailhand et des milliers de prêtres aussi héroïques qu'inconnus de la mondanité; dans le patriotisme religieux et sublime, des victimes comme l'abbé Mackiewicz, l'abbé Konarski, l'abbé Iszora, l'abbé Skarzynski, et avec eux une multitude resplendissante de martyrs polonais, ces jours sont éminemment de ceux où a retenti l'appel de l'Idéal transformateur, de la toute-puissante Vérité.

Lorsque cette époque a compté, dans la science théologique, des interprètes profonds de la saine doctrine, comme les Perrone, les Mœhler, les Rosset; dans la science philosophique, des penseurs comme les Rosmini, les Buchez, les Gerbet, les Balmès, les Gabriel, les Hugonin, les Gratry; dans les sciences sociales, des hommes de zèle pour la foi et pour la justice, tels que le P. Félix, Mgr de Ségur, P. Pradié, Donoso Cortès, Mgr d'Hulst, le P. Delaporte; dans les sciences historiques, des historiens comme les Wiseman, les César Cantù, les Ozanam, les Héfélé, les Roselly de Lorgues, les Haneberg, les Darras, les Fèvre, les Champagny; chez les mystiques et les intuitifs, des esprits tels que Göerres, Anna Taïgi, Ernest Hello; lorsqu'elle a vu parmi ceux qui, chaque jour, combattent pour la vraie civilisation du monde, des esprits ayant, dans la sagesse, l'intuition de l'ordre qui vient, comme les écrivains de la *Civiltà cattolica*, des penseurs épris de justice et d'ardeur croyante, tels que les Matovelle et les Manuel Polit; quand elle a eu, dans les sciences du monde physique, des investigateurs comme Biot, Ampère, Cauchy, Chevreul, le P. Secchi, l'abbé Moigno, le P. Pianciani, le Dr Cerise, Hamard, de Quatrefages; dans l'administration, dans la politique généreuse ou dans les choses militaires, des croyants tels qu'Adam Czartoryski, Ladislas et André Zamoyski, Lamoricière, Ulloa, Chanzy et des initiateurs comme Garcia Moreno, cette époque est de celles qui annoncent et préparent un grand avenir.

Lorsque ce temps a eu des poètes, de vaillants épris de l'Art qui ont plus ou moins pressenti et appelé le monde nouveau, tels que Chateaubriand, Manzoni, Lamartine, Ballanche, Tommaseo, Krasinski, Silvio Pellico, Laprade, La Morvonnais, Turquety, Oscar de Redwitz, Edmond Lafond, A. du Clésieux, Marie-Jenna, Alfred Tonnellé, Xavier Marmier, Gounod, Félix Clément, Cornélius, Flandrin, et ce noble Ary Scheffer, lui qui, quoique né dans un milieu d'erreur, nous disait, dans ses dernières années, que sa plus haute admiration était pour « la philosophie et la théologie catholiques », que son amour de l'art était avant tout attachement à « l'art catholique », et qu'il appelait de ses vœux même « la politique catholique », « la politique en vue du Christ », pour un moins trouble et plus juste avenir; lorsque ces jours ont eu, — avec tant de femmes d'un dévouement si généreux pour l'Eglise et le règne divin, — de ces âmes d'élite, telles que les femmes de Pologne qui ont montré un rayonnant héroïsme dans la tourmente de leur patrie, et des converties magnanimes comme une Marie Giertz, une Ida de Hahn-Hahn ; lorsque ce temps a vu des revendications nationales aussi chrétiennes, aussi persévérantes que celles de la Pologne et de l'Irlande, des élans aussi beaux que celui de cette jeunesse allant, sous le dédain d'une indigne et vile opinion dirigée par le Maçonnisme, défendre la Papauté, et, s'il le fallait, mourir pour elle, ce temps est, à lui seul, tout un symptôme social : c'est l'avant-coureur d'un âge nouveau.

Oui, quelle que soit alors l'ignominie que le délire et l'illusion viennent y étaler bruyamment; quels qu'y soient les courants vertigineux qui entraînent, les folies qui égarent, les bourbiers d'impiété, d'apostasie, qui y montrent les dépravations acclamées, qui y émerveillent la sottise, qui y occupent l'opinion; quels qu'ils soient, là, dans leur audace, dans leur nombre, les jongleurs politiques, les pasquins littéraires, les forbans du succès et des corruptions triomphantes, les parvenus du déshonneur, les lâches et les lâcheurs aussi de la « conservation », les fous, les perfides, les infâmes de « la Révolution »; quels que soient ces types dégradés qui ont là une voix, un reflet, un écho, — arrogance impure, fausseté maçonnique, niaiserie libertine, superbes nullités; quels que soient là les faveurs du jour, les admirations de commande, les renoms d'inanité, et les agitations à vide et les vertiges à demi scélérats et les ravages de bassesses sans nom ; quelles qu'y soient les importances prudhommesques, les gloires d'impudeur, les triomphes d'imbécillité, — tout cela pour faire un monde pourri, sans rayon d'en haut, sans dévouement, sans Dieu, — toute cette boursouflure du mal peut s'évanouir en un instant, comme l'écume impure se dissipe au-dessus des flots longtemps troublés !

C'est aux hommes de foi et de cœur à ne pas s'intimider de ce spectacle, à ne pas s'endormir ; c'est à eux à suivre les traces de nos fervents aïeux, et, en contemplant le sillon de lumière qu'ont laissé nos grands prédécesseurs, à accélérer le progrès, qui, malgré tout, est déjà si intense, vers l'ordre vrai, vers la Rénovation.

Ce progrès, ils doivent le servir, d'abord par l'Enseignement chrétien, tel que le réclament les temps nouveaux, — que cet Enseignement ait lieu par l'Ecole ou par la parole publique ou par le livre et le journal.

Dans l'Ecole à tous ses degrés, ils doivent s'inspirer ardemment de l'amour des âmes, à élever vers la Vérité, selon que le demandent les appels religieux et intellectuels de notre époque. Ils peuvent aussi se pénétrer des conseils judicieux de ces hommes qui se sont dévoués à l'Enseignement catholique et qui l'ont illustré durant ce demi-siècle : les Dauphin, les Salinis, les Dupanloup, les Bourgeat, les d'Alzon, les Actorie, les Mermet, les Eynard, les Lécuyer, les Ducoudray et tant d'autres, à la suite desquels marchent vaillamment, — entre tant de prêtres ou de laïques, de religieux, de *frères*, de religieuses, tous d'un zèle si beau, — des militants aussi fermes, dans le combat de l'Éducation chrétienne, que le sont Mgr Theuret, le P. Dulac, le P. Jourdan, l'abbé Le Camus, l'abbé Ch. Barnave, et le directeur de la Maison où a été prononcé le troisième de ces discours, l'abbé Soubeyran, un de ces valeureux champions de la foi qui cherchent à réagir contre l'Éducation dévoyée hors de l'Église et loin du Christ.

Ils doivent se dire que l'Enseignement religieux, le seul vraiment élevé et salutaire, a eu de nos jours et a encore ses martys : les Captier, les Olivaint, les Bourard, les Cotrault, les Delhorme, ceux qui ont succombé sous l'impiété sanguinaire et ceux qui, en ce moment, sont victimes d'une lâche tyrannie maçonnique accumulant, sur les défenseurs de l'Enseignement catholique, toutes les mesures d'arbitraire, toutes les oppressions d'iniquité. Et, pour les nobles âmes, ces épreuves et ces souvenirs ne peuvent qu'exciter l'élan de leur énergie en vue de Dieu.

Ils ont à seconder, ou, pour mieux dire, à fonder l'œuvre de la parole publique ayant pour objectif la Rénovation ; de la parole ardente qui ne doit être ni futilité vaniteuse, ni verbiage au service d'un parti, ni même simple investigation d'une spécialité intelligente, mais qui doit aller droit au but principal qu'il importe de poursuivre avant tout.

Ils doivent créer et propager parmi nous le journalisme directement préparateur de la Rénovation; et, pour ce journalisme, cinq choses sont indispensables : l'esprit de foi, la science, le prosélytisme, l'amour fraternel et la parole nette, incisive, qui sait traduire en un style palpitant de force et de vie ce que demande l'éducation virile d'une époque, au sujet des questions religieuses, politiques et sociales.

Si ce journalisme nouveau veut donc être à peu près à la hauteur de sa grande mission, il devra avoir en lui un autre souffle que celui des demi-scepticismes, autre chose que la foi morte de l'égoïsme *conservateur*. Il devra être loin de ce journalisme de coterie, où l'on devient, en un clin d'œil, maître en savoir universel; où, sans plus de façons, on se fait docteur avant d'avoir été disciple et disciple de la haute science chrétienne, disciple de la vivante Vérité; où l'on entasse, chaque jour, les paralogismes, les sophismes, les insuffisances ou les nullités de doctrine, comme ce qu'il y a de plus naturel au monde et surtout de plus sûr pour faire brillamment son métier; où l'on a le droit d'aligner couramment les dénigrements systématiques, les dérisions de l'équité, les fausses insinuations ou les ineptes silences par calcul, les persiflages par stratégie, tout cela n'ayant guère à son actif apparent qu'un vernis littéraire et les ressources de la moins scrupuleuse habileté; où l'on jette en pâture à des incohérences, à des incertitudes, à des passions sans nombre, le poison de l'erreur ou le vide de l'inanité; où l'on prétend tout simplement diriger un peuple, avec une étroitesse de cœur ou une ignorance frivole qui n'ont d'égales que la témérité.

Ne peut-on pas aussi seconder le progrès vers la Rénovation par l'institution généreuse de rapports internationaux entre les catholiques des différentes nations dans les deux mondes? Assurément, et cela doit être réalisé. Qu'en France donc les hommes de zèle prennent l'initiative de ces fraternelles communications de peuple à peuple; qu'ils s'adressent collectivement à leurs frères dans la Foi des divers Etats d'Europe et d'Amérique, au sujet des questions qui touchent aux intérêts supérieurs de la société moderne [1].

---

1. Ainsi il est à désirer, il est urgent même que, entre autres créations de ce genre, on établisse en France un centre d'action prosélytique spécialement destiné à des relations intellectuelles, religieuses et sociales avec l'Amérique du Sud, et particulièrement avec les contrées, telles que la République de l'Équateur, qui sont déjà entrées dans la voie de la Rénovation chrétienne.

Ce centre Français correspondra avec ceux que l'on aura organisés, dans le même but, à Quito, à Santiago, à Bogota, à Santa-Cruz, à Montevidéo.

De ces communications permanentes, instituées dans l'esprit rénovateur et resser-

Qu'ainsi ils tâchent d'éveiller un mouvement plus accentué de l'opinion contemporaine pour le rétablissement du Pouvoir temporel de la Papauté. Qu'aux catholiques de la Grande-Bretagne ils demandent d'agir en faveur des vraies libertés de l'Irlande; qu'à ceux de l'Autriche et de la Russie ils adressent la prière instante d'oser réclamer dans leur patrie le relèvement national de la Pologne, comme un acte d'un intérêt majeur pour la justice, pour la paix et pour la civilisation chrétienne, non moins que pour les intérêts bien compris de la Russie et de l'Autriche elles-mêmes. Qu'aux catholiques de l'Allemagne, notamment aux députés du Centre qui, au Parlement de Berlin, ont bien mérité de la chrétienté par leur persévérance à défendre les droits de l'Église, mais qui sont malheureusement, eux aussi, ultra-germanisants et qui ont à compter auprès d'eux avec l'insigne mauvaise foi, avec la brutale effronterie de soudards enragés de tous les délires de la guerre, ils demandent de propager, dans l'opinion Germanique, la conviction de la souveraine utilité qu'il y a à ce que l'Alsace-Lorraine soit rendue à la nation qui a son invincible attachement, afin de supprimer, s'il est possible, une des causes du conflit qui approche et s'annonce comme prêt àdéchaîner un cataclysme Européen.

Ces demandes n'obtiendront probablement pas le résultat direct qu'elles se seront proposé; ces démarches, si pressantes qu'elles soient, n'empêcheront point, selon nous, que l'on n'en vienne à l'*ultima ratio* des gouvernements semi-païens. Et ce qui nous en donne à peu près la certitude, c'est que les dénouements des crises sociales amenant des revendications de l'équité impliquent toujours un châtiment divin expiateur de tout un ensemble de méfaits, et que ce châtiment nécessaire, ni la raison sereine ni les générosités magnanimes ne peuvent *généralement* le faire éviter. Mais, à défaut d'un résultat de ce genre que Dieu, dans son amour et sa justice, se réserve de réaliser ou non, ces rapports entre catholiques des divers peuples donneront cent autres résultats heureux, tous extrêmement profitables au progrès vers la Rénovation.

---

rant les liens de fraternité entre la France catholique et ces généreux pays, résulteront des rapports relatifs à tout ce qui concerne les Sciences philosophiques, politiques et économiques, les Lettres et les Arts, résulteront aussi des échanges de précieux documents et même l'envoi de Religieux, de prêtres, de professeurs, en vue de servir le plus possible la grande œuvre que ces centres de communications se seront proposée.

Il peut et il doit aussi s'établir, à Paris, un Comité semblable, pour des relations de cette nature avec New-York et les États-Unis.

Établir cela à bref délai, ce sera assurément répondre aux vœux de bien des vaillantes âmes, au delà comme en deçà de l'Atlantique.

Ce progrès, on doit l'accélérer, l'affermir, par tout ce que renferment et comportent ces mots : *Y voir clair sur les desseins de la Conjuration du maçonnisme judaïque* dans l'Occident.

Il faut donc que l'on sache bien ceci : Cette conjuration a pour idéal sinistre à réaliser, l'asservissement complet de la civilisation moderne, la domination des corps et des âmes, sous un affreux despotisme antichrétien. Elle a pour fin la destruction et la ruine de la Foi, l'effacement de la patrie Française, l'extinction de toute idée même de patrie, dans les diverses nationalités du monde occidental. Elle a pour but premier et dernier, le bouleversement de toutes les notions vraies de Religion, de devoir, d'honneur, de conscience, de justice, de fraternité. Elle a pour objectif l'*abolition de la famille chrétienne* et l'*expropriation légale* de tout ce qui est chrétien, son éviction savante et graduelle de toutes les situations prépondérantes dans le Gouvernement, dans l'Éducation publique, dans l'Agriculture et dans l'Industrie. Elle a, par conséquent, pour desideratum immédiat, la concentration, dans les mains du maçonnisme judaïque, de toute la puissance individuelle et sociale que donnent le Pouvoir, l'Instruction, la richesse, le Capital sous ses diverses formes, le développement agricole, financier et industriel, dans ses modes les plus importants.

Pour le progrès vers la Rénovation, il faut ainsi, — comme nous l'avons redit, avec d'autres, depuis vingt ans, — que, chez nous, tout esprit chrétien, tout cœur vraiment français soit bien persuadé de la réalité de cette conspiration formidable, de l'extrême péril dont elle menace et toute individualité et toute nation de l'Occident ; il faut que chacun, connaissant cette Conjuration, la démasque ; qu'en la démasquant, il la combatte ; qu'en la combattant avec énergie, avec ensemble, il contribue à en finir avec elle, dans le ferme et vaillant effort de la Croisade moderne.

C'est avec cette conviction et cette résolution souveraine que l'on doit, en même temps, servir le progrès vers la Rénovation par toutes les œuvres catholiques dont le développement est déjà si grand et demande à s'accroître encore. Ces œuvres, concernant l'enfance, la pauvreté, les détresses morales et matérielles, l'indigence et la souffrance humaines sous tous leurs aspects, sont, par le dévouement pur qu'elles inspirent et propagent, la semence la plus féconde des justes triomphes de l'avenir.

Et, en nous rappelant ceux de nos contemporains que nous avons vus donner à ces œuvres, aux préoccupations constantes de la pensée et de la fraternité chrétiennes, leur sollicitude, leurs labeurs, leur vie, — leur vie qui s'est éteinte aux yeux des hommes, mais qui, plus que jamais sans doute, brille maintenant devant Dieu, — il nous est doux de leur dire à tous, avec effusion de l'âme, notre remerciement profond, pour cette force croyante qu'ils ont fait partager à tant d'intelligences dans cette époque, pour cet exemple dont rien n'est perdu, malgré les ravages du temps.

Quand, parmi ceux que l'on a connus, on a vu disparaître des penseurs des plus aimés qui ont eu, pour l'apostolat catholique, pour la politique de rénovation, d'aussi puissants appels qu'en ont eu le P. Ventura, l'abbé Perreyve, l'abbé Mitraud, l'abbé Bayle, l'abbé Chantome; des hommes aussi préoccupés d'œuvres religieuses, fraternelles et sociales que l'ont été Alban Lambert, André Zamoyski, Léonard Chodzko, Augustin Cochin, Alfred Aymé, le P. Pascalin, Casimir Wolowski; des cœurs aussi nobles, aussi dévoués à Dieu, à la papauté, à leur pays, que l'ont été Maurice de Giry, Félix de Montravel; H. de Civrac, Emmanuel de Crussol, duc d'Uzès; des épris de la science ou de la littérature et de l'art chrétien, tels qu'Emile Chauffard, Antoine de Latour, l'abbé Bourdillon, F. Guérin, Léon Dufour; des fervents ou des remueurs d'idées qui ont porté l'activité catholique sous bien des latitudes, tels que l'abbé Allard ou Benjamin Poucel; lorsqu'on a vu des femmes si chrétiennes, — mères généreuses, écrivains cherchant la gloire de Dieu, âmes dévouées aux sublimes causes, esprits fascinés par l'attrait du devoir dans l'attachement au Dieu sauveur : Mmes A. de Lamartine, J.-V. de La Selve, Georgiana Fullerton, G. d'Altenheim, L. de Guérine, L. de Sieyès, C. Dupré La Tour, — quitter cette scène tourmentée, ainsi que tant d'autres cœurs d'élite qui ont eu l'ardeur pour l'idéal saint, qui ont subi le charme simple et pur de la Vérité; lorsqu'on se redit cette gerbe glorieuse de droitures éloquentes, de vertus magnanimes, qui ont passé devant nous et se sont enfuies, on est ému, mais on espère; on a sous les yeux une ombre de tristesse, mais aussi une lointaine clarté; on sent venir une pensée de deuil, mais en même temps un élan d'enthousiasme et d'amour pour ce que ces cœurs ont appelé, ont aimé, ont servi !

On se dit : Ils prient de là-haut pour l'Eglise, pour la justice suave, pour nous, et pour que l'on voie ici-bas, un jour, resplendir le règne du Christ, les ferveurs rayonnantes de la Croisade, le triomphe de la Rénovation!

TABLE

ERRATA

Page 31, ligne 31, *au lieu de:* Et ce but, *lire :* Et, tout épris de ce but.

Page 48, ligne 11, *au lieu de :* ayant pour, *lire :* qui ont pour.

Page 55, ligne 23, *au lieu de :* ξυνίημι, *lire :* ξύνειμι.

A PARIS

DES PRESSES DE JOUAUST ET SIGAUX

Rue Saint-Honoré, 338

—

M DCCC LXXXVII

DU MÊME AUTEUR

LIBRAIRIE P. LETHIELLEUX, A PARIS

4, rue Cassette, et 75, rue de Rennes

CHANTS DE RÉNOVATION

PREMIÈRE SÉRIE

LES MAUDITS — HELVIFLORA

Un volume in-8° carré. . . 3 fr.

HELVIFLORA

Un volume in-8° carré. . . . . 2 fr.

LIBRAIRIE DES BIBLIOPHILES, A PARIS

338, rue Saint-Honoré

CHANTS DE RÉNOVATION

DEUXIÈME SÉRIE

Un volume in-8° carré. . . . . 5 fr.

UN POÈTE

Un volume in-8° carré. . 2 fr.

LES TRIOMPHATEURS

Un volume in-8° carré. . 2 fr.

L'ORGIE ET L'AVENIR

Un volume in-8° carré. 2 fr. 50

A publier

L'APOSTASIE & LE MONDE NOUVEAU

Un volume in-8°

2521. — Imp. Jouaust et Sigaux.

www.ingramcontent.com/pod-product-compliance
Ingram Content Group UK Ltd.
Pitfield, Milton Keynes, MK11 3LW, UK
UKHW020350230726
13925UKWH00003B/1058